新版

日本語⇒韓国語

くちを鍛える

韓国語作文

—語尾習得メソッド—

初級編

白姫恩 =著

コスモピア

本書執筆にあたって（前書にかえて）

　韓国語と日本語は文法的に似ている部分が多く、日本語と韓国語を入れかえるだけでも立派な文章を作ることができます。また同じ漢字圏なので漢字を用いた単語をおさえれば、単語力もいっきに向上させることが可能で、韓国語は日本語母語話者にとってはとても学びやすい外国語だと言われています。

　本書、『口を鍛える韓国語作文（初級編）』新版は、韓国語学習者がもっとも上手くなりたい「スピーキング力」を初心者でも効率よく上達できるように執筆しています。特に、韓国語を学ぶにつれもっとも重要であると皆さんが感じられる、"語尾"をしっかり学んでいきたいと思います。初級編では重要終結語尾のマスターを目指していきましょう！

　韓国語は話の最後まで聞かないと意味を正確に把握することができないと言われています。それは日本語と同様です。例えば、「あなたが好きではありません」という文を「あなたが好き」までしか聞かなかったり、途中で話を切ってしまった場合は正反対の意味になってしまいます。韓国語と日本語において、「語尾」は少し変えるだけで意味が変わるので、逆に言うといろんなことを表現することが可能になるのです。

　つまり、韓国語の語尾（本書では文章の終わりの部分も含めて学習します）さえしっかり学習すれば、文章のポイントもしっかりつかむことができ、韓国語上達の近道に繋がります。

　本書は、次の3点をねらいとして執筆しました。
①韓国語の語尾を理解した上で、韓国語のトレーニングを行う。

②日本語から韓国語へ変換するトレーニングにより、スピーキング能力を鍛え、最後には日本語で一度翻訳してから韓国語に変換して言うのではなく、直にコードスイッチング（コードの切り替え）ができる習得を目標とする。

③実用性の高い75課600例文の中で習得する。

　本書の例文は実用性の高い単語や文章、知っておくべき内容に特化しているのですが、各課8つの例文は①〜⑧までの順番で覚えても、自分が使う可能性が高い文章から練習しても構いません。

　たくさんの生徒さんから韓国語のスピーキングがどうすれば上手くなるのかという質問をよく受けます。スピーキングを上達させるためには、基本的によく使われている表現と、自分にとって使う可能性が高い文章を暗記し、いつでも反射的に発話ができるように声を出して言うトレーニングを常にしていくことです。

　もちろん、「韓国語って何だか楽しい！」「私ならきっと上達できる！」といった肯定的なマインドが前提として必要です！

　『口を鍛える韓国語作文』新版が皆さんの韓国語力向上の一助となることを願っています。

　コスモピアの坂本社長、編集担当の田中氏・大西氏・熊沢氏には大変お世話になりました。この場を借りて深い感謝の意を記させて頂きたいと思います。

情熱「白」先生

白　姫恩

Part 1　韓国語のヨ体で 簡単な文を作れるようになろう

Part **2** 　韓国語のニダ体で
簡単な文を作れるようになろう

Part **3** 韓国語の基本文法と
実用性の高い文法も使えるようになろう

Part **4** ヨ体でバリエーションを増やし、
会話ができるようになろう

Part 5 ニダ体でバリエーションを増やし、会話ができるようになろう

コラム

≫ 本書コンセプトの紹介

> **1 韓国語の語尾を理解した上で、韓国語のトレーニングを行う。**

　韓国語では代表的な2つの語尾があります。

　本書ではこの代表的な2つの語尾を中心として構成されています。

　PART1 は **ヨ(요)体**、PART2 は **ニダ(니다)体**、PART4 は **ヨ(요)体** のバリエーション編、、PART 5 は **ニダ(니다)体** のバリエーション編です。

　PART1 でヨ体を理解して、PART 4 では PART 1 で理解した内容のバリエーションを増やした少し長めの文章にしていますが、PART1 での内容を基本としているので、PART 4 でもう一度 PART1 の復習ができるように心がけて執筆しています。

　PART 2 の **ニダ(니다)体** も PART 5 でバリエーションを増やし、PART 5 で PART 2 の復習もできるようにしています。

1　代表的な2つの語尾をチェック！

ヨ(요)体　親しみのある丁寧な語尾

（丁寧であるが、親しみを感じさせる言い方なので、日常会話でよく使う）

例 **맛있어요.**（おいしいです）

※友達や年下の人などに使う時は、最後の요を取って使うことができます。

ニダ (니다) 体 丁寧でかしこまった語尾

（仕事関係や尊敬する方によく使う）

例 맛있**습니다**. （おいしいです）

2 代表的な2つの語尾の**規則**をチェック！

---

① 다の前の文字（語幹の最後）に「ㅗ」か「ㅏ」の有無により変化する語尾

「ㅗ」か「ㅏ」が有	語幹 + **아요** → 例 괜찮다 : 괜찮 + **아요**
「ㅗ」か「ㅏ」が無	語幹 + **어요** → 例 있다 : 있 + **어요**

② 다の前の文字（語幹の最後）に「パッチム」の有無により変化する語尾

「パッチム」有	語幹 + **습니다** → 例 괜찮다 : 괜찮 + **습니다**
「パッチム」無	語幹 + **ㅂ니다** → 例 만나다 : 만나 + **ㅂ니다**

2 日本語から韓国語へ変換するトレーニング
により、スピーキング能力を鍛え、会話を
するときに、日本語で一度翻訳してから韓
国語に変換して言うのではなく、直にコー
ドスイッチング（コードの切り替え）がで
きる習得を目標とする。

　勉強したばかりの初心者なので、直に日本語から韓国語に変換して言
うのは不可能ではないかと怖がる方もいらっしゃるかもしれませんが、
そんなことはないと思います。

**①まずは、基本挨拶や基本表現などの短い文章を暗記し、それらのコー
ドスイッチングから練習していきましょう！**

　韓国食堂に行くだけでも、基本表現に触れることが増えるので、基本
的な表現と短い文章を暗記し、そのような場面でのコードスイッチング
の練習を是非お勧めします。

②本書のコンセプトである基本語尾のPART１から挑戦しましょう。

　日本語を聞いて１、２秒で韓国語が直に出てくるようにコードスイッ
チングの練習を行うのです。

　本書では他の韓国語の教材とは違い、ヨ体を先に学習します。

　ヨ体は相手の会話の語尾をそのままマネするだけでも立派な会話が可
能になります。

例えば、

| 日本語：美味しいですか？ | → | 美味しいです。 |
| 韓国語：マシッソヨ？ | → | マシッソヨ。 |

　このように相手の語尾をそのままマネして最後を下げて言うだけで、返事が可能になります。

　ＰＡＲＴ１は基本的にもっともよく出てくる表現を中心として載せていますので、マル暗記してもよいでしょう。

　暗記学習という点については、「自分と関係がある表現から暗記して、実際の会話で使う可能性を高くし、自信をつける」という効率高い暗記をお勧めします。これはまた言語に対する肯定的なマインドを生み出し、違う表現やレベルアップした表現を暗記したくなるようにしてくれます。そして、自然に実力の向上につながるのです。

　これは、私自身が日本語を学習する時に使った方法でもありますし、韓国語を教えている時にもいろんな生徒さんにお勧めする方法です。日本語を勉強し始めた頃は何とかひらがなを覚えている状態でしたが、早く流暢に会話ができればと思っていました。でも、まったく聞き取れないし、自分もなかなかしゃべることができませんでした。その時の情熱「白」先生はかなりポッチャリしていたので、「ダイエットしなければならないのに、かえってたくさん食べました！」という表現を覚えて何度も使いました。太っていたので、使う機会が多かったのです。この一つ

の文章で「～しなければならない」という文法や「かえって」「たくさん」「食べました」といういろんな表現を一気に習得できました。もしその時に痩せていたなら、この表現を使う機会はなかったので、せっかく暗記した表現も使えないし、使わないので忘れてしまったに違いないでしょう。

③「自分が好きな分野の会話を行う」こと。自分が好きな分野、得意とする分野は会話をよりスムーズにさせてくれます。

韓国料理が好きな人なら韓国の料理の話だけで、話が聞えてくる可能性が高くなります。「ピビンパ」「サムゲタン」だけでも会話は盛り上がりますし、何が美味しいのか、どこがよかったのかなどの話の流れが予測できるので、そういった表現を学習しておけばいいでしょう。

韓国スターやＫ－ＰＯＰが好きな人なら俳優の名前やＫ－ＰＯＰ関連の単語が出るだけで相手の情報に対する集中力もかなりアップしますし、「●●さんが～」のように主語がまず理解できている状態なので、本書での語尾をマスターすれば、キーポイントはちゃんと理解できるということになります。

> 例　A:BTS が好きです。　　　BTS 를 좋아해요.
> 　　B:BTS が好きですか?　　　BTS 를 좋아해요?
> 　　私も好きです。　　　　　　저도 좋아해요.

BTS という主語が出ているので、何について言っているのかが把握できます。そして좋아해요という語尾はまったく同じ表現をそのまま言うだけですし、語尾を理解するだけで話のキーポイントがわかるので、次の

会話もスムーズにできます。

　BTS の代わりに、東方神起や EXO、TWICE、SEVENTEEN などの
ほかの K-POP スターを入れれば、それだけでリスニングとスピーキン
グができるようになります。

　エレキギターが好きな人なら、●●ギター、●●モデル、メタルやロッ
ク関連の話に繋がります。そして、有名なギタリストの名前、その有
名なギタリスト関連の曲、どうやったらエレキギターが上手くなるのか
などの話題が出てくる可能性が高いですし、基本的に聞き取れる内容が
多くなるので、会話に対する肯定的なマインドにも繋がります。

A：BLACK MASQUERADE のギタリストが好きです。

B：私も好きです。

A：私は BLACK MASQUERADE の曲 Skin and Bones が好
　　きです。ギタープレイがかっこいいです。

B：私は全部好きです。Follow Me もかっこいいです。

A：BLACK MASQUERADE 의 기타리스트를 좋아해요.

B：저도 좋아해요.

A：저는 BLACK MASQUERADE 의 곡 Skin and
　　Bones 를 좋아해요. 기타 플레이가 멋있어요.

B：저는 다 좋아해요.Follow Me 도 멋있어요.

　このように主語と語尾が予想でき、好きな会話から始めれば、リスニ
ングもスピーキングも楽しくできます。特にヨ体を使うことで初心者の
コードスイッチングの習得がよりスムーズに繋がると思います。

3 実用性の高い７５課６００例文 の中で習得する。

　本書では 600 例文を PART1 ～ PART5 に掲載しています。

　日常会話でよく使われている単語、文章などを中心としているので、かなり実用性が高いコミュニケーションに活用できることが予想されます。

　例文に関しても使用頻度や実用性の高いと思われる単語や表現を積極的に盛り込みました。その中のいくつかをご紹介いたします。

---

p.48 「～しています」

5. 뭐 하고 있어요?　何 (を) していますか？

6. 먹고 있어요.　　食べています。

　本書の例文だけでも反射的にコードスイッチングができれば、韓国人との会話、韓国への旅行などの実践の場でかなりの進歩が実感できると思います。

作文を始める前に

1 語尾の学習においての重要な文法用語をチェック！

用言：韓国語での用言は動詞、存在詞、指定詞、形容詞
- **動詞**： 하다（する、やる） 가다（行く）など
- **存在詞**： 있다（いる、ある） 없다（いない、ない）など
- **指定詞**： 이다（である） 아니다（違う）など
- **形容詞**： 크다（大きい） 작다（小さい）など

語 幹

用言の活用で変化しない部分
「基本形から다をとった部分」

語 尾

用言の活用で変化する部分

基 本 形

動詞、形容詞などの原型となる形で、一般的に「〜다」で終わる形
この本では 基 のマークを使う

2 代表的な２つの語尾をチェック！

ヨ（요）体　親しみのある丁寧な語尾
（丁寧であるが、親しみを感じさせる言い方なので、日常会話でよく使う）

ニダ（니다）体　丁寧でかしこまった語尾
（仕事関係や尊敬する方によく使う）

3 代表的な２つの語尾の規則をチェック！

①다の前の文字（語幹の最後）に「ㅗ」か「ㅏ」の有無により変化する語尾

「ㅗ」か「ㅏ」が有	語幹 + 아요 →	例 괜찮다 : 괜찮 + 아요
「ㅗ」か「ㅏ」が無	語幹 + 어요 →	例 있다 : 있 + 어요

②다の前の文字（語幹の最後）に「パッチム」の有無により変化する語尾

「パッチム」有	語幹 + 습니다 →	例 괜찮다 : 괜찮 + 습니다
「パッチム」無	語幹 + ㅂ니다 →	例 만나다 : 만나 + ㅂ니다

4 重要助詞をチェック！

～が	～ 이 / 가
～は	～ 은 / 는
～を	～ 을 / 를
～の	～ 의
～も	～ 도
～より	～ 보다
～へ、～に	～ 에
～で、～から	～ 에서
～（手段、方法）で	～（으）로
～と	～ 하고
～から	～ 부터
～まで	～ 까지
～（人）に、～（人）から（口語）	～ 한테
～（人）に	～ 에게
～（人）から	～ 에게서

※文章の中で「～は、～を、～の」などの助詞が省略されるケースも少なくありません。

※日本語では「～は」の方が自然な文も、韓国語では「～が」を表す「가 / 이」を使った方が自然なものがあります。

トレーニングの進め方

〔学習は1課ごとに進めましょう。〕

ステップ 1 学習内容と文法をチェック

タイトル（左ページ上）と「文法をおさえよう」（右ページ上）をみて、学習内容と文の語尾・文法を確認します。ここで、どの点が習得すべき事項となるのか大まかな部分を把握します。

ステップ 2 左ページ日本語文を見て 韓国語作文をする

各課のタイトルとポイントを確認した後に例文に移ります。まず例文一つずつに対し次の作業を行います。

（ ⅰ ）日本語文を確認。

（ ⅱ ）自分で文を考えてみる（もしも思い浮かばなければ、すぐに（ ⅲ ）の作業に移る）。

（ ⅲ ）韓国語文を確認してみる。

この時点で、学習者の皆さんご自身の思いついた文と例文とを照らし合わせてみて、正解なのか否かを確認します。間違った部分や思いつかなかった部分があれば「文法をおさえよう」や「補足メモ」の解説を照合しながら理論的に理解を深めていきます。

韓国語文を音読する

　まずは、<u>1〜8の文について日本語文と対照しながら韓国語文を音読</u>していきます。音声を聴き、韓国語のリズムを確認しながら読んでいくと、発音やイントネーションが理解しやすくなります。8つの文すべてに対して詰まることなく読めるようになったことを確認したら、次の練習に移ります。

ステップ 4 音声の日本語文を聴いて反射的に 韓国語文に変換する

　　日本語文を聴いて、反射的に韓国語文に変換していく練習を行います。

　間違いや詰まる部分がなくマスターできれば、その課はクリアと考えて結構です。もしも変換できない文があれば、変換できるまで練習をしましょう。

ステップ 5 音声を聴いてシャドーイングをする

　文を瞬時に変換できるレベルに達した (基本構文が口に染み付いた) 後、仕上げとしてリズムを確認しながら発音します。狙いは、外国人的な発音を矯正し、ネイティブらしいイントネーションを身につけていくことにあります。**文の構造と意味を噛みしめながら、音声について声に出す作業 (シャドーイング) を行います。**耳と口、そして脳 (理論) という総合的側面からしっかりとした理解を固め、ネイティブらしい韓国語を身につけていきます。

トレーニングの注意点

1 大きな声を出して練習しよう

　本書はペーパーテストの練習ではなく、**スピーキング力を高める**ための本です。ですので、練習を行う際には、大きな声で読んでいくことが大切です。これは語学学習の中で昔から言われてきたことですが、本書でも同様のことを強調させていただきます。**近年は脳研究の立場からも、声に出して練習する場合の脳の働きは、黙読するよりもはるかに脳の働いていることが報告されています。** 単純な話ですが、間違いを恐れずに大きな声で読んでいきましょう。

2 自然な発音とイントネーションを意識しよう

　外国語学習の初級段階では「発音が重要だ」と言われてきたことと思います。正しい発音、きれいな発音というのは重要な要素ではあります。但し、あまり１つ１つの発音に捉われすぎるとかえって構文習得の妨げともなりえます。ヒトの認知構造はある物を**まとまり（チャンク）**として捉える機能が備わっています。よって正しい発音であっても、それがどういうチャンクの中で発せられているのか認識できなければ、その意味が相手にも伝わらなくなります。その点から考えても、流れるリズムという点を意識するといいでしょう。**単語１つ１つ細切れにならないように、できるだけリズミカルに読んでいきましょう。**単語間の息継ぎにあまり長い時間をかけすぎないようにしましょう。

3 全ての文を完璧にマスターしよう

　冒頭でもお話しした通り、本書は文法的な体系をしっかり理解し、韓国語コミュニケーションで必要とされる基本構文をスムーズに産出できるようになることを目標としています。しっかり文を習得できているか否か、文の一言一句に間違いや詰まった部分があればしっかりチェックし、修正しましょう。

[無料] 音声ダウンロードの方法

方法1 ストリーミング再生で聞く場合

面倒な手続きなしにストリーミング再生で聞くことができます。

※ストリーミング再生になりますので、通信制限などにご注意ください。
　また、インターネット環境がない状況でのオフライン再生はできません。

このサイトに
アクセスするだけ！　https://bit.ly/3ktJ5Eg

❶ **上記サイトにアクセス！**
スマホなら QR コード
をスキャン

❷ **アプリを使う場合は**
SoundCloud に
アカウント登録（無料）

方法2 パソコンで音声ダウンロードする場合

パソコンで mp3 音声をダウンロードして、スマホなどに取り込むことも可能です。（要アプリ）

❶ **下記のサイトにアクセス**

https://www.cosmopier.com/download/4864541515/

❷ **パスワードの「0526」を入力する**

音声は PC の一括ダウンロード用圧縮ファイル（ZIP 形式）でのご提供です。解凍してお使いください。

〔語尾紹介〕
語尾は一目で把
握できるように
しています。

〔音声〕
FILE
001 ～ 075
日本語→韓国語
の順番で収録さ
れています。

〔補足メモ〕
例文で説明が必要
なものについて、
ここで簡単な説明
をしています。
「　」⇒意味
[　]⇒発音

2

●ヨ体の基本①

～요, ～요?　1
～です / ます、～ですか / ますか?

🔊 002

1　好きです。

2　多いですか?

3　あります / います。

4　小さいです。

5　美味しいですか?

6　まずいです。

7　嫌いです。

8　ありません / いません。

補足メモ
※1 🔵 좋다「良い、いい」以外にも「好き」という意味でもよく使われる。
　　🔵 좋아하다「好む」も「好きだ」という意味でよく使われる
※4 🔵 작다「小さい」、比較 🔵 적다「少ない」

(36)

〔文法をおさえよう〕
該当番号を明記しています。
どの文に当たるのかをしっか
りとチェックしましょう。

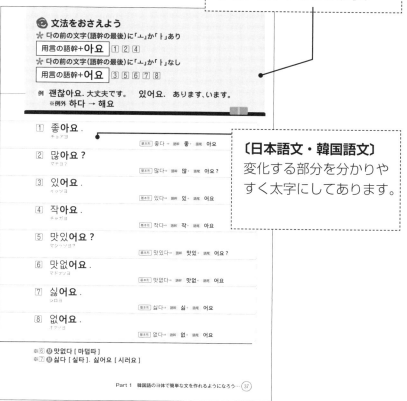

文法をおさえよう

★ 다の前の文字(語幹の最後)に「ㅗ」か「ㅏ」あり

用言の語幹+아요　1 2 4

★ 다の前の文字(語幹の最後)に「ㅗ」か「ㅏ」なし

用言の語幹+어요　3 5 6 7 8

例 괜찮아요. 大丈夫です。 있어요. あります、います。
※例外 하다 → 해요

1 좋아요.
　チョアヨ
　　　　　[基本形] 좋다 → 語幹 좋 + 語尾 아요

2 많아요?
　マナヨ?
　　　　　[基本形] 많다→ 語幹 많 + 語尾 아요?

3 있어요.
　イッソヨ
　　　　　[基本形] 있다→ 語幹 있 + 語尾 어요

4 작아요.
　チャガヨ
　　　　　[基本形] 작다→ 語幹 작 + 語尾 아요

5 맛있어요?
　マシッソヨ?
　　　　　[基本形] 맛있다→ 語幹 맛있 + 語尾 어요?

6 맛없어요.
　マドプソヨ
　　　　　[基本形] 맛없다→ 語幹 맛없 + 語尾 어요

7 싫어요.
　シロヨ
　　　　　[基本形] 싫다→ 語幹 싫 + 語尾 어요

8 없어요.
　オプソヨ
　　　　　[基本形] 없다→ 語幹 없 + 語尾 어요

※6 🔊 맛없다 [마덥따]
※7 🔊 싫다 [실타], 싫어요 [시러요]

〔日本語文・韓国語文〕
変化する部分を分かりや
すく太字にしてあります。

※本書は、単なる文法書ではなく、スピーキング能力を高めることを目的としたものですので、変則活用する用言に関しては意識的に避けています。本書で、まず、用言の基本的な活用を確実にマスターしましょう(変則活用に関しては、本書の中級編、上級編で詳しく取り上げる予定です)。

本書の構成 ②

P194 ～ 217
50音順
フレーズトレーニング

　ここでは本文中で使用しているフレーズ（句）を50音順に
配列してあります。音声を聴いて覚えましょう。このトレーニ
ングをすることで本文の作文がしやすくなります。

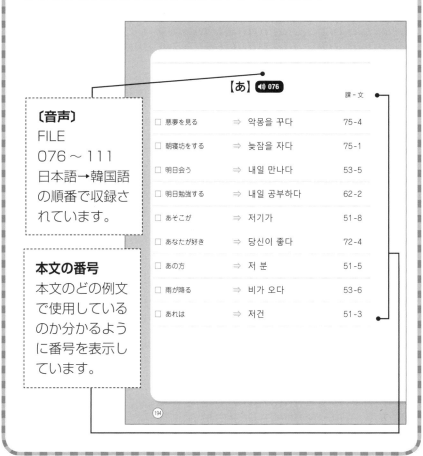

〔音声〕
FILE
076 ～ 111
日本語→韓国語
の順番で収録さ
れています。

本文の番号
本文のどの例文
で使用している
のか分かるよう
に番号を表示し
ています。

【あ】 🔊 076

		課 - 文
□ 悪夢を見る	⇒ 악몽을 꾸다	75-4
□ 朝寝坊をする	⇒ 늦잠을 자다	75-1
□ 明日会う	⇒ 내일 만나다	53-5
□ 明日勉強する	⇒ 내일 공부하다	62-2
□ あそこが	⇒ 저기가	51-8
□ あなたが好き	⇒ 당신이 좋다	72-4
□ あの方	⇒ 저 분	51-5
□ 雨が降る	⇒ 비가 오다	53-6
□ あれは	⇒ 저건	51-3

(194)

Part 1

韓国語のヨ体で簡単な文を
作れるようになろう

1

●하다（する、やる）の親しみのある丁寧な表現　해요①

~ 해요 , 해요 ? 1

～します、しますか？

🔊 001

1　愛しています。

2　約束します。

3　簡単ですか？

4　働きます。

5　勉強しますか？

6　運動します。

7　歌いますか？

8　気になります。

───　補足メモ　───

※4　일「仕事」＋ 하다「やる・する」→ 基일하다「働く」

※8　基궁금하다「気になる」「知りたい」「気になって知りたい」

🕐 文法をおさえよう

※基本形하다(する、やる)の親しみのある丁寧な表現は해요

※하 (하다 の語幹)+ 여요 → 해요

※語尾をあげて해요?と言うだけで疑問形になる。

※「～しています」「～していますか?」「～しましょう」という意味で
使われるケースも多い。

---

1 사랑**해요** .
   サランヘヨ

   基本形 사랑하다⇒ 語幹 **사랑하** + 語尾 **여요**

2 약속**해요** .
   ヤクソ(ク)ケヨ

   基本形 약속하다⇒ 語幹 **약속하**+ 語尾 **여요**

3 간단**해요** ?
   カンタネヨ?

   基本形 간단하다⇒ 語幹 **간단하**+ 語尾 **여요** ?

4 일**해요** .
   イレヨ

   基本形 일하다 ⇒ 語幹 **일하** + 語尾 **여요**

5 공부**해요** ?
   コンブヘヨ?

   基本形 공부하다⇒ 語幹 **공부하**+ 語尾 **여요** ?

6 운동**해요** .
   ウンドンヘヨ

   基本形 운동하다⇒ 語幹 **운동하** + 語尾 **여요**

7 노래**해요** ?
   ノレヘヨ?

   基本形 노래하다⇒ 語幹 **노래하** + 語尾 **여요** ?

8 궁금**해요** .
   クングメヨ

   基本形 궁금하다⇒ 語幹 **궁금하**+ 語尾 **여요**

2

～요, ～요? 1

～です / ます、～ですか / ますか？

🔊 002

1 好き**です。**

2 多い**ですか？**

3 あ**ります** / い**ます。**

4 小さい**です。**

5 美味し**いですか？**

6 まず**いです。**

7 嫌い**です。**

8 あ**りません** / い**ません。**

───\補足メモ/────

※1 基 **좋다**「良い、いい」以外にも「好き」という意味でもよく使われる。
　　基 **좋아하다**「好む」も「好きだ」という意味でよく使われる

※4 基 **작다**「小さい」、比較 基 **적다**「少ない」

ⓒ 文法をおさえよう

✱ 다の前の文字(語幹の最後)に「ㅗ」か「ㅏ」あり

用言の語幹 + **아요** ① ② ④

✱ 다の前の文字(語幹の最後)に「ㅗ」か「ㅏ」なし

用言の語幹 + **어요** ③ ⑤ ⑥ ⑦ ⑧

例 **괜찮아요.** 大丈夫です。　**있어요.** あります、います。
例外> **하다 → 해요**

① **좋아요.**
チョアヨ

基本形 좋다 ⇒ 語幹 **좋** + 語尾 **아요**

② **많아요?**
マナヨ?

基本形 많다 ⇒ 語幹 **많** + 語尾 **아요?**

③ **있어요.**
イッソヨ

基本形 있다 ⇒ 語幹 **있** + 語尾 **어요**

④ **작아요.**
チャガヨ

基本形 작다 ⇒ 語幹 **작** + 語尾 **아요**

⑤ **맛있어요?**
マシッソヨ?

基本形 맛있다 ⇒ 語幹 **맛있** + 語尾 **어요?**

⑥ **맛없어요.**
マドプソヨ

基本形 맛없다 ⇒ 語幹 **맛없** + 語尾 **어요**

⑦ **싫어요.**
シロヨ

基本形 싫다 ⇒ 語幹 **싫** + 語尾 **어요**

⑧ **없어요.**
オプソヨ

基本形 없다 ⇒ 語幹 **없** + 語尾 **어요**

※⑥ 墓 맛없다 [마덥따]
※⑦ 墓 싫다 [실타]、싫어요 [시러요]

3

～요, ～요? 1

～です / ます、～ですか / ますか？

🔊 003

1　行**きます**。

2　見**ます**。

3　待**ちます**。

4　買**います**。

5　安**いです**。

6　(値段が) 高**いです**。

7　学**びます**。

8　会**います**。

───\ 補足メモ /───

※6「値段が高い」と言う時に、🕐 높다「(高さ・地位・水準などが) 高い」を
使わないように！

🔄 文法をおさえよう

例

① **타다**(乗る) 　語幹 **타** + 　語尾 **아요** → **타요** ① ④ ⑤ ⑥ ⑧
　 서다(立つ) 　語幹 **서** + 　語尾 **어요** → **서요**
② **오다**(来る) 　語幹 **오** + 　語尾 **아요** → **와요** ② ⑦
③ **마시다**(飲む) 　語幹 **마시** + 　語尾 **어요** → **마셔요** ③

---

① **가요** .
　カヨ
　　　　　　　　　　　　　基本形 가다⇒ 語幹 **가**+ 語尾 **아요**

② **봐요** .
　ポァヨ
　　　　　　　　　　　　　基本形 보다⇒ 語幹 **보**+ 語尾 **아요**

③ **기다려요** .
　キダリョヨ
　　　　　　　　　　　　　基本形 기다리다⇒ 語幹 **기다리**+ 語尾 **어요**

④ **사요** .
　サヨ
　　　　　　　　　　　　　基本形 사다⇒ 語幹 **사**+ 語尾 **아요**

⑤ **싸요** .
　ッサヨ
　　　　　　　　　　　　　基本形 싸다⇒ 語幹 **싸**+ 語尾 **아요**

⑥ **비싸요** .
　ピッサヨ
　　　　　　　　　　　　　基本形 비싸다⇒ 語幹 **비싸**+ 語尾 **아요**

⑦ **배워요** .
　ペウォヨ
　　　　　　　　　　　　　基本形 배우다⇒ 語幹 **배우**+ 語尾 **어요**

⑧ **만나요** .
　マンナヨ
　　　　　　　　　　　　　基本形 만나다⇒ 語幹 **만나**+ 語尾 **아요**

4

●基本語尾：～아 / 어 주다　ヨ体①

～아 / 어 주세요 1
～してください

🔊 004

① 一つ、**ください**。

② たくさん**ください**。

③ まけ**てください**。

④ 座っ**てください**。

⑤ 受け取って（もらって）**ください**。

⑥ 食べ**てください**。

⑦ 来**てください**。

⑧ 読ん**でください**。

╲補足メモ╱

※③ **깎다**「（値段を）まける」という意味以外に、「削る」という意味もある。

40

② 文法をおさえよう

✱ 다の前の文字（語幹の最後）に「ㅗ」か「ㅏ」あり

$$\boxed{用言の語幹 + \textbf{아 주세요}} \quad \boxed{3}\boxed{4}\boxed{5}$$

✱ 다の前の文字（語幹の最後）に「ㅗ」か「ㅏ」なし

$$\boxed{用言の語幹 + \textbf{어 주세요}} \quad \boxed{6}\boxed{7}\boxed{8}$$

例外 > 하다 → 해 주세요

---

① 하나 **주세요**.
ハナ　チュセヨ

---

② 많이 **주세요**.
マニ　ジュセヨ

---

③ 깎**아 주세요**.
ッカッカ　ジュセヨ

基本形 깎다⇒ 語幹 **깎**+ 語尾 **아 주세요**

---

④ 앉**아 주세요**.
アンジャ　ジュセヨ

基本形 앉다⇒ 語幹 **앉**+ 語尾 **아 주세요**

---

⑤ 받**아 주세요**.
パダ　ジュセヨ

基本形 받다⇒ 語幹 **받**+ 語尾 **아 주세요**

---

⑥ 먹**어 주세요**.
モゴ　ジュセヨ

基本形 먹다⇒ 語幹 **먹**+ 語尾 **어 주세요**

---

⑦ 와 **주세요**.
ワ　ジュセヨ

基本形 오다⇒ 語幹 **오**+ 語尾 **아 주세요**

---

⑧ 읽**어 주세요**.
イルゴ　ジュセヨ

基本形 읽다⇒ 語幹 **읽**+ 語尾 **어 주세요**

※①〜⑧ 〜**주세요**は前の表現と少し間をあけて言う場合は「チュセヨ」、間をあけずに
つなげる感じで言う場合は「〜ジュセヨ」に聞こえる。音声のフレーズをよく聞きとっ
て参考にしてください！

5

～아／어도 돼요，
～아／어도 돼요？ 1

～してもいいです、～してもいいですか？

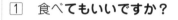

🔊 005

① 食べてもいいですか？

② 食べてもいいです。

③ 連絡してもいいですか？

④ 連絡してもいいです。

⑤ 信じてもいいですか？

⑥ 座ってもいいですか？

⑦ 開けてもいいですか？

⑧ 閉めてもいいです。

＼補足メモ／

※①〜⑧ 도と돼요の間を少しあけて言う場合の돼요は「トェヨ」、間をあけず
につなげる感じで言う場合は「〜ドェヨ」と読む。「トェヨ」と「〜ドェヨ」
は主観的な感覚の違いなので、紛らわしい場合は「トェヨ」をお勧めする。

🔵 文法をおさえよう

★ 다の前の文字(語幹の最後)に「ㅗ」か「ㅏ」あり

用言の語幹+ **아도 돼요**	⑥ ⑧

★ 다の前の文字(語幹の最後)に「ㅗ」か「ㅏ」なし

用言の語幹+ **어도 돼요**	① ② ⑤ ⑦

例外＞ **하다**(する・やる)→ **해도 돼요(?)** ③ ④

---

① **먹어도 돼요?**
モゴド トェヨ?

基本形 먹다⇒ 語幹 **먹**+ 語尾 **어도 돼요?**

② **먹어도 돼요.**
モゴド トェヨ

基本形 먹다⇒ 語幹 **먹**+ 語尾 **어도 돼요**

③ **연락해도 돼요?**
ヨルラ(ク)ケド トェヨ?

基本形 연락하다⇒ 語幹 **연락하**+ 語尾 **여도 돼요?**

④ **연락해도 돼요.**
ヨルラ(ク)ケド トェヨ

基本形 연락하다⇒ 語幹 **연락하**+ 語尾 **여도 돼요**

⑤ **믿어도 돼요?**
ミドド トェヨ?

基本形 믿다⇒ 語幹 **믿**+ 語尾 **어도 돼요?**

⑥ **앉아도 돼요?**
アンジャド トェヨ?

基本形 앉다⇒ 語幹 **앉**+ 語尾 **아도 돼요?**

⑦ **열어도 돼요?**
ヨロド トェヨ?

基本形 열다⇒ 語幹 **열**+ 語尾 **어도 돼요?**

⑧ **닫아도 돼요.**
タダド トェヨ

基本形 닫다⇒ 語幹 **닫**+ 語尾 **아도 돼요**

6

●基本語尾：～아/어 보고 싶다　ヨ体①

～아/어 보고 싶어요，
～아/어 보고 싶어요? 1

してみたいです、～してみたいですか？

🔊 006

☐1 食べてみたいです。

☐2 やってみたいです。

☐3 読んでみたいです。

☐4 住んでみたいです。（生きてみたいです。）

☐5 会ってみたいです。

☐6 運転してみたいです。

☐7 訪問してみたいです。

☐8 考えてみたいです。

\補足メモ/

※② ⑥ ⑦ ⑧ 基 하다「やる・する」＋ 보다「見る」→ 해 보다「やってみる」
※④ 살다は「生きる」「暮らす」「過ごす」の3つの意味としてよく使われるの
　で、文章の内容を理解し、文脈を把握する必要がある。

44

🔵 文法をおさえよう

✱ 다の前の文字(語幹の最後)に「ㅗ」か「ㅏ」あり

| 用言の語幹 + 아 보고 싶어요 | ④ ⑤ |

✱ 다の前の文字(語幹の最後)に「ㅗ」か「ㅏ」なし

| 用言の語幹 + 어 보고 싶어요 | ① ③ |

例外>하다(やる・する)→해 보고 싶어요(?) ② ⑥ ⑦ ⑧

---

① 먹어 보고 싶어요.
モゴ ボゴ シポヨ

基本形 먹다⇒ 語幹 먹+ 語尾 어 보고 싶어요

② 해 보고 싶어요.
ヘ ボゴ シポヨ

基本形 하다⇒ 語幹 하+ 語尾 여 보고 싶어요

③ 읽어 보고 싶어요.
イルゴ ボゴ シポヨ

基本形 읽다⇒ 語幹 읽+ 語尾 어 보고 싶어요

④ 살아 보고 싶어요.
サラ ボゴ シポヨ

基本形 살다⇒ 語幹 살+ 語尾 아 보고 싶어요

⑤ 만나 보고 싶어요.
マンナ ボゴ シポヨ

基本形 만나다⇒ 語幹 만나+ 語尾 아 보고 싶어요

⑥ 운전해 보고 싶어요.
ウンジョネ ボゴ シポヨ

基本形 운전하다⇒ 語幹 운전하+ 語尾 여 보고 싶어요

⑦ 방문해 보고 싶어요.
パンムネ ボゴ シポヨ

基本形 방문하다⇒ 語幹 방문하+ 語尾 여 보고 싶어요

⑧ 생각해 보고 싶어요.
センガ(ク)ケ ボゴ シポヨ

基本形 생각하다⇒ 語幹 생각하+ 語尾 여 보고 싶어요

※⑧ 基 생각하다 「考える」「思う」「想う」+ 基 보다 「見る」→생각해 보다

7

●基本語尾：～고 싶다　ヨ体①

～고 싶어요，
～고 싶어요？ 1

したいです、～したいですか？

🔊 007

1　会いたいですか？

2　見たいです。

3　信じたいです。

4　知りたいですか？

5　食べたいです。

6　行きたいですか？

7　書きたいです。

8　聞きたいです。

――― 補足メモ /―――

※1 基 만나다 「会う、逢う」という意味。

※2 基 보다 「見る」、会ってから相手の顔を見るので 「会う」という意味とし
て使われる場合も多い。

● 文法をおさえよう

用言の語幹 + 고 싶어요/고 싶어요?

✻ 다の前の文字(語幹の最後)に「パッチム」有無は関係なし

① **만나고 싶어요?**
マンナゴ　シポヨ？

基本形 만나다⇒ 語幹 **만나**+ 語尾 **고 싶어요?**

② **보고 싶어요.**
ポゴ　シポヨ

基本形 보다⇒ 語幹 **보**+ 語尾 **고 싶어요**

③ **믿고 싶어요.**
ミッコ　シポヨ

基本形 믿다⇒ 語幹 **믿**+ 語尾 **고 싶어요**

④ **알고 싶어요?**
アルゴ　シポヨ？

基本形 알다⇒ 語幹 **알**+ 語尾 **고 싶어요?**

⑤ **먹고 싶어요.**
モッコ　シポヨ

基本形 먹다⇒ 語幹 **먹**+ 語尾 **고 싶어요**

⑥ **가고 싶어요?**
カゴ　シポヨ？

基本形 가다⇒ 語幹 **가**+ 語尾 **고 싶어요?**

⑦ **쓰고 싶어요.**
ッスゴ　シポヨ

基本形 쓰다⇒ 語幹 **쓰**+ 語尾 **고 싶어요**

⑧ **듣고 싶어요.**
トゥッコ　シポヨ

基本形 듣다⇒ 語幹 **듣**+ 語尾 **고 싶어요**

※⑦ 基 쓰다は「書く」という意味以外に、「使う」「苦い」という意味もある。
※⑧ 基 듣다「(耳で) 聞く」以外に「効く」という意味としても使われている。

8

●基本語尾：～고 있다　ヨ体①

～고 있어요,
～고 있어요? 1

しています、～していますか？

🔊 008

① 見ていますか？

② 働いています。

③ 応援していますか？

④ 使っています。（書いています。）

⑤ 何（を）していますか？

⑥ 食べています。

⑦ 行っていますか？

⑧ 聞いています。

＼補足メモ／

※② 일は「仕事」＋하다「やる、する」→ 일하다「仕事をする、働く」

※④ 🐢 쓰다は「使う」「書く」「苦い」3通りの意味としてよく使われるので、
文章の全体で意味を把握する必要がある。

48

◎ 文法をおさえよう

用言の語幹 + 고 있어요 / 고 있어요?

✱ 다の前の文字(語幹の最後)に「パッチム」有無は関係なし

---

① 보고 있어요?
ポゴ イッソヨ?

[基本形] 보다⇒ [語幹] 보+ [語尾] 고 있어요?

② 일하고 있어요.
イラゴ イッソヨ

[基本形] 일하다⇒ [語幹] 일하+ [語尾] 고 있어요

③ 응원하고 있어요?
ウンウォナゴ イッソヨ?

[基本形] 응원하다⇒ [語幹] 응원하+ [語尾] 고 있어요?

④ 쓰고 있어요.
ッスゴ イッソヨ

[基本形] 쓰다⇒ [語幹] 쓰+ [語尾] 고 있어요

⑤ 뭐 하고 있어요?
ムォ ハゴ イッソヨ?

[基本形] 하다⇒ [語幹] 하+ [語尾] 고 있어요?

⑥ 먹고 있어요.
モッコ イッソヨ

[基本形] 먹다⇒ [語幹] 먹+ [語尾] 고 있어요

⑦ 가고 있어요?
カゴ イッソヨ?

[基本形] 가다⇒ [語幹] 가+ [語尾] 고 있어요?

⑧ 듣고 있어요.
トゥッコ イッソヨ

[基本形] 듣다⇒ [語幹] 듣+ [語尾] 고 있어요

※⑤ 무엇「何」、무엇을「何を」より、会話では뭐「何」、뭘「何を」をよく使う。
※⑦ 가고 있어요は「向かっています」という意味としてもよく使う。

●確認の表現　～지요？

9

～지요？ 1

～ですよね？（～でしょう？）

🔊 009

① 美味しい**ですよね？**

② かっこいい**ですよね？**

③ 大丈夫**ですよね？**

④ 愛してます**よね？**

⑤ かわいい**ですよね？**

⑥ 行きます**よね？**

⑦ 来ます**よね？**

⑧ 見ます**よね？**

＼補足メモ／

※① **맛**「味」＋ **있다**「ある、いる」→「味がある」から　→　「おいしい」
※② **멋**「おしゃれ」＋ **있다**「ある、いる」→「しゃれさがある」から→「かっこいい」

50

📀 文法をおさえよう

用言の語幹 **+ 지요?**

✳ 다の前の文字(語幹の最後)に「パッチム」有無は関係なし

---

① 맛있**지요?**

マシッチヨ?

基本形 맛있다⇒ 語幹 **맛있**+ 語尾 **지요?**

② 멋있**지요?**

モシッチヨ?

基本形 멋있다⇒ 語幹 **멋있**+ 語尾 **지요?**

③ 괜찮**지요?**

クェンチャンチヨ?

基本形 괜찮다⇒ 語幹 **괜찮**+ 語尾 **지요?**

④ 사랑하**지요?**

サランハジヨ?

基本形 사랑하다⇒ 語幹 **사랑하**+ 語尾 **지요?**

⑤ 예쁘**지요?**

イェップジヨ?

基本形 예쁘다⇒ 語幹 **예쁘**+ 語尾 **지요?**

⑥ 가**지요?**

カジヨ?

基本形 가다⇒ 語幹 **가**+ 語尾 **지요?**

⑦ 오**지요?**

オジヨ?

基本形 오다⇒ 語幹 **오**+ 語尾 **지요?**

⑧ 보**지요?**

ポジヨ?

基本形 보다⇒ 語幹 **보**+ 語尾 **지요?**

10

～네요 1

～ですね。

🔊 010

1　美味しいですね。

2　かっこいいですね。

3　かわいいですね。

4　美しいですね。

5　大丈夫ですね。

6　良いですね。

7　面白いですね。

8　楽しいですね。

＼補足メモ／

※1 実際の発音は [마신네요]
※2 実際の発音は [머신네요]
※4 実際の発音は [아름담네요]

52

◎ 文法をおさえよう

用言の語幹 + 네요

✱ 다の前の文字(語幹の最後)に「パッチム」有無は関係なし

---

① 맛있네요.
マシンネヨ

基本形 맛있다⇒ 語幹 **맛있**+ 語尾 **네요**

② 멋있네요.
モシンネヨ

基本形 멋있다⇒ 語幹 **멋있**+ 語尾 **네요**

③ 예쁘네요.
イェップネヨ

基本形 예쁘다⇒ 語幹 **예쁘**+ 語尾 **네요**

④ 아름답네요.
アルムダムネヨ

基本形 아름답다⇒ 語幹 **아름답**+ 語尾 **네요**

⑤ 괜찮네요.
クェンチャンネヨ

基本形 괜찮다⇒ 語幹 **괜찮**+ 語尾 **네요**

⑥ 좋네요.
チョンネヨ

基本形 좋다⇒ 語幹 **좋**+ 語尾 **네요**

⑦ 재미있네요.
チェミインネヨ

基本形 재미있다⇒ 語幹 **재미있**+ 語尾 **네요**

⑧ 즐겁네요.
チュルゴムネヨ

基本形 즐겁다⇒ 語幹 **즐겁**+ 語尾 **네요**

※⑥ 実際の発音は [**존네요**]　※⑦ 実際の発音は [**재미인네요**]
※⑧ 実際の発音は [**즐검네요**]

11

●基本語尾：～이다　ヨ体①

～예요 (?) / 이에요 (?) 1

～です、～ですか？

🔊 011

① 何ですか？

② コンピューターです。

③ 空気清浄機です。

④ だれですか？

⑤ 先生です。

⑥ どこですか？

⑦ トイレですか？

⑧ カラオケです。

＼補足メモ／

※「～예요」は[～エヨ]と発音する。
※⑦ 화장실 直訳：「化粧室」

❷ 文法をおさえよう

※예요/이에요はかしこまった語尾です(〜です)のヨ体

✳ 単語の最後の文字にパッチムなし(前の語にパッチムなし)

| 名詞/代名詞 +**예요** | 例 오사카예요. 大阪です。 1 2 3 4 6 |

✳ 単語の最後の文字にパッチムあり(前の語にパッチムあり)

| 名詞/代名詞+ **이에요** | 例 거실이에요. リビングルームです。 5 7 8 |

---

1 **뭐예요?**
ムォエヨ?

　　　　　　名詞/代名詞 **뭐**+ 語尾 **예요?**

2 **컴퓨터예요.**
コムピュトエヨ

　　　　　　名詞/代名詞 **컴퓨터**+ 語尾 **예요**

3 **공기청정기예요.**
コンギチョンジョンギエヨ

　　　　　　名詞/代名詞 **공기청정기**+ 語尾 **예요**

4 **누구예요?**
ヌグエヨ

　　　　　　名詞/代名詞 **누구**+ 語尾 **예요?**

5 **선생님이에요.**
ソンセンニミエヨ

　　　　　　名詞/代名詞 **선생님**+ 語尾 **이에요**

6 **어디예요?**
オディエヨ?

　　　　　　名詞/代名詞 **어디**+ 語尾 **예요?**

7 **화장실이에요?**
ファジャンシリエヨ?

　　　　　　名詞/代名詞 **화장실**+ 語尾 **이에요?**

8 **노래방이에요.**
ノレバンイエヨ

　　　　　　名詞/代名詞 **노래방**+ 語尾 **이에요**

※8 **노래방** の房は「パッチムあり」に属する。**노래**「歌」+ **방**「部屋」→**노래방**「カラオケ」

12

●基本語尾 : ~ ㄹ / 을 수 있다　ヨ体①

~ ㄹ / 을 수 있어요,
~ ㄹ / 을 수 있어요? 1

~することができます、~することができますか?

🔊 012

1　**できます。**

2　行**けます。**

3　見**ることができます。**

4　食べ**られます。**

5　借り**ることができますか?**

6　貸してあげ**ることができます。**

7　送る**ことができますか?**

8　理解**できますか?**

\補足メモ/

※ 5 **基 빌리다** 「借りる」
※ 6 **基 빌리다** 「借りる」 + **基 주다** 「あげる、くれる」 → **基 빌려주다** 「貸してあげる」「貸してくれる」

56

🎯 文法をおさえよう

✳ 다の前の文字(語幹の最後)に「パッチム」なし

用言の語幹 + **ㄹ 수 있어요**	① ② ③ ⑤ ⑥ ⑦ ⑧

✳ 다の前の文字(語幹の最後)に「パッチム」あり

用言の語幹 + **을 수 있어요**	④

例外> | ㄹ パッチム | 語幹からパッチムㄹを脱落させ+ㄹ 수 있어요(?)

---

① **할 수 있어요**.
ハル ス イッソヨ

基本形 하다⇒ 語幹 **하**+ 語尾 **ㄹ 수 있어요**

② **갈 수 있어요**.
カル ス イッソヨ

基本形 가다⇒ 語幹 **가**+ 語尾 **ㄹ 수 있어요**

③ **볼 수 있어요**.
ポル ス イッソヨ

基本形 보다⇒ 語幹 **보**+ 語尾 **ㄹ 수 있어요**

④ **먹을 수 있어요**.
モグル ス イッソヨ

基本形 먹다⇒ 語幹 **먹**+ 語尾 **을 수 있어요**

⑤ **빌릴 수 있어요?**
ピルリル ス イッソヨ?

基本形 빌리다⇒ 語幹 **빌리**+ 語尾 **ㄹ 수 있어요?**

⑥ **빌려줄 수 있어요**.
ピルリョジュル ス イッソヨ

基本形 빌려주다⇒ 語幹 **빌려주**+ 語尾 **ㄹ 수 있어요**

⑦ **보낼 수 있어요?**
ポネル ス イッソヨ?

基本形 보내다⇒ 語幹 **보내**+ 語尾 **ㄹ 수 있어요?**

⑧ **이해할 수 있어요?**
イヘハル ス イッソヨ?

基本形 이해하다⇒ 語幹 **이해하**+ 語尾 **ㄹ 수 있어요?**

※⑧ **이해할 수**をそのまま読むと[イヘハル ス]だが、ㅎを続けて読む場合ㅎの
音が弱音化されるケースがよくある。弱音化された[イエアル ス]の発音もしっ
かり練習しましょう！

13

●基本語尾：~ㄹ/을 수 없다　ヨ体

~ㄹ/을 수 없어요(?)

~することができません、~することができませんか？

🔊 013

① 信じる**ことができません。**（信じ**られません。**）

② 我慢**できません。**

③ 読む**ことができませんか？**

④ **行くことができません。**

⑤ 応援**できません。**

⑥ 貸してあげる**ことができません。**

⑦ 換える**ことができませんか？**

⑧ 交換**することができません。**

＼補足メモ／

※⑦ 基 바꾸다「換える」「変える」
※⑧ 교환「交換」

🄔 文法をおさえよう

✱ 다の前の文字(語幹の最後)に「パッチム」なし

用言の語幹 + ㄹ 수 없어요(?)	4 5 6 7 8

✱ 다の前の文字(語幹の最後)に「パッチム」あり

用言の語幹 + 을 수 없어요(?)	1 2 3

例外＞ ㄹパッチム 語幹からパッチムㄹを脱落させ+ㄹ 수 없어요(?)

---

1 믿을 수 없어요.
ミドゥル ス オプソヨ

基本形 믿다⇒ 語幹 믿+ 語尾 을 수 없어요

2 참을 수 없어요.
チャムル ス オプソヨ

基本形 참다⇒ 語幹 참+ 語尾 을 수 없어요

3 읽을 수 없어요?
イルグル ス オプソヨ?

基本形 읽다⇒ 語幹 읽+ 語尾 을 수 없어요?

4 갈 수 없어요.
カル ス オプソヨ

基本形 가다⇒ 語幹 가+ 語尾 ㄹ 수 없어요

5 응원할 수 없어요.
ウヌウォナル ス オプソヨ

基本形 응원하다⇒ 語幹 응원하+ 語尾 ㄹ 수 없어요

6 빌려줄 수 없어요.
ピルリョジュル ス オプソヨ

基本形 빌려주다⇒ 語幹 빌려주+ 語尾 ㄹ 수 없어요

7 바꿀 수 없어요?
パックル ス オプソヨ?

基本形 바꾸다⇒ 語幹 바꾸+ 語尾 ㄹ 수 없어요?

8 교환할 수 없어요.
キョファナル ス オプソヨ

基本形 교환하다⇒ 語幹 교환하+ 語尾 ㄹ 수 없어요

14

●勧誘の表現　~ㄹ/을까요？①

~ㄹ/을까요？ 1

~しましょうか？

🔊 014

1　電話しましょうか？

2　予約しましょうか？

3　行きましょうか？

4　食べましょうか？

5　会いましょうか？

6　来ますか（ね）？

7　乗りましょうか？

8　飲みましょうか？

＼補足メモ／

※ 6 のように ㄹ/을까요？ は「~ですかね？」という意味にもよく使われる。

❷ 文法をおさえよう

❋ 다の前の文字（語幹の最後）に「パッチム」なし

用言の語幹 ＋ **ㄹ까요?**	① ② ③ ⑤ ⑥ ⑦ ⑧

❋ 다の前の文字（語幹の最後）に「パッチム」あり

用言の語幹 ＋ **을까요?**	④

例外＞ **ㄹパッチム** 語幹からパッチムㄹを脱落させ＋ㄹ까요(?)

---

① **전화할까요 ?**
チョヌァハルカヨ?

基本形 전화하다⇒ 語幹 **전화하**＋ 語尾 ㄹ까요 ?

② **예약할까요 ?**
イェヤ(ク)カルカヨ?

基本形 예약하다⇒ 語幹 **예약하**＋ 語尾 ㄹ까요 ?

③ **갈까요 ?**
カルカヨ?

基本形 가다⇒ 語幹 **가**＋ 語尾 ㄹ까요 ?

④ **먹을까요 ?**
モグルカヨ?

基本形 먹다⇒ 語幹 **먹**＋ 語尾 **을까요 ?**

⑤ **만날까요 ?**
マンナルカヨ?

基本形 만나다⇒ 語幹 **만나**＋ 語尾 ㄹ까요 ?

⑥ **올까요 ?**
オルカヨ?

基本形 오다⇒ 語幹 **오**＋ 語尾 ㄹ까요 ?

⑦ **탈까요 ?**
タルカヨ?

基本形 타다⇒ 語幹 **타**＋ 語尾 ㄹ까요 ?

⑧ **마실까요 ?**
マシルカヨ?

基本形 마시다⇒ 語幹 **마시**＋ 語尾 ㄹ까요 ?

15

●意志　～ ㄹ / 을게요①

～ ㄹ / 을게요 (意志) 1

～するつもりです（～します）

🔊 015

1　食べ**ます**。

2　入り**ます**。

3　受け取り**ます**。（もら**います**。）

4　座り**ます**。

5　電話**します**。

6　待ち**ます**。

7　期待**します**。

8　スタート**します**。

＼補足メモ／

※語尾 ㄹ게요 は [ㄹ께요] と発音する。

※2 基 들어가다「入って行く」。ある場所に「入って行く」、つまり、「入る」「戻る」という意味としてよく使われる。

❷ 文法をおさえよう

※**겠습니다** (31課、71課) より打ち解けた語尾。

★ **다**の前の文字(語幹の最後)に「パッチム」なし

用言の語幹+**ㄹ게요**	② ⑤ ⑥ ⑦ ⑧

★ **다**の前の文字(語幹の最後)に「パッチム」あり

用言の語幹+**을게요**	① ③ ④

例外> | **ㄹパッチム** | 語幹からパッチムㄹを脱落させ+**ㄹ 게요**(?)

---

① **먹을게요**.
モグルケヨ

> 基本形 먹다⇒ 語幹 **먹**+ 語尾 을게요

② **들어갈게요**.
トゥロガルケヨ

> 基本形 들어가다⇒ 語幹 **들어가**+ 語尾 ㄹ게요

③ **받을게요**.
パドゥルケヨ

> 基本形 받다⇒ 語幹 **받**+ 語尾 을게요

④ **앉을게요**.
アンジュルケヨ

> 基本形 앉다⇒ 語幹 **앉**+ 語尾 을게요

⑤ **전화할게요**.
チョヌァハルケヨ

> 基本形 전화하다⇒ 語幹 **전화하**+ 語尾 ㄹ게요

⑥ **기다릴게요**.
キダリルケヨ

> 基本形 기다리다⇒ 語幹 **기다리**+ 語尾 ㄹ게요

⑦ **기대할게요**.
キデハルケヨ

> 基本形 기대하다⇒ 語幹 **기대하**+ 語尾 ㄹ게요

⑧ **시작할게요**.
シジャカルケヨ

> 基本形 시작하다⇒ 語幹 **시작하**+ 語尾 ㄹ게요

※③ 基 **받다**「受け取る」「もらう」
※⑦ 基 **기대하다**「期待する」

16

～ ㄹ / 을 거예요 (意志・推量) 1-1

～するつもりです（～と思います）

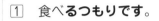

🔊 016

1 食べるつもりです。

2 選ぶつもりです。

3 買うつもりです。

4 歩いて行くつもりです。

5 走って行くつもりです。

6 愛するつもりです。

7 会うつもりです。

8 貯蓄するつもりです。

＼補足メモ／

※4 🅑 걷다「歩く」 🅑 걸어가다「歩いて行く」
※5 🅑 뛰다「走る」 🅑 뛰어가다「走って行く」
※8 저축「貯蓄」、🔴저금「貯金」

😊 文法をおさえよう

✱ 다の前の文字(語幹の最後)に「パッチム」なし

| 用言の語幹 + ㄹ 거예요(?) | ② ③ ④ ⑤ ⑥ ⑦ ⑧ |

✱ 다の前の文字(語幹の最後)に「パッチム」あり

| 用言の語幹 + 을 거예요(?) | ① |

①～⑧は「意志」を表す。

例外> ㄹパッチム 語幹からパッチムㄹを脱落させ+ㄹ 거예요(?)

---

① 먹을 거예요.
モグル　コエヨ

基本形 먹다 ⇒ 語幹 먹+ 語尾 을 거예요

② 고를 거예요.
コルル　コエヨ

基本形 고르다⇒ 語幹 고르+ 語尾 ㄹ 거예요

③ 살 거예요.
サル　コエヨ

基本形 사다⇒ 語幹 사+ 語尾 ㄹ 거예요

④ 걸어갈 거예요.
コロガル　コエヨ

基本形 걸어가다⇒ 語幹 걸어가+ 語尾 ㄹ 거예요

⑤ 뛰어갈 거예요.
ティオガル　コエヨ

基本形 뛰어가다⇒ 語幹 뛰어가+ 語尾 ㄹ 거예요

⑥ 사랑할 거예요.
サランハル　コエヨ

基本形 사랑하다⇒ 語幹 사랑하+ 語尾 ㄹ 거예요

⑦ 만날 거예요.
マンナル　コエヨ

基本形 만나다⇒ 語幹 만나+ 語尾 ㄹ 거예요

⑧ 저축할 거예요.
チョチュ(ク)カル　コエヨ

基本形 저축하다⇒ 語幹 저축하+ 語尾 ㄹ 거예요

※スペルに注意！거예요 (○)/ 거에요 (X)　発音は [コエヨ]

～ㄹ／을 거예요 (意志・推量) 1-2

～でしょう

🔊 017

1 小さいでしょう。

2 少ないでしょう。

3 **違うでしょう。**

4 痛いでしょう。

5 忙しいでしょう。

6 きれいでしょう。

7 悲しいでしょう。

8 速いでしょう。

── 補足メモ ──

※ ～ 예요は [～エヨ] と発音する。

※ ～ ㄹ / 을 거예요の거예요は【꺼에요】と発音する。

※ 3 基 아니다「違う」

❷ 文法をおさえよう

✴ 다の前の文字（語幹の最後）に「パッチム」なし

| 用言の語幹 + ㄹ 거예요 | ③ ④ ⑤ ⑥ ⑦ ⑧ |

✴ 다の前の文字（語幹の最後）に「パッチム」あり

| 用言の語幹 + 을 거예요 | ① ② |

①～⑧は「推量」を表す。

---

① **작을 거예요** .
チャグル コエヨ

基本形 작다⇒ 語幹 **작**+ 語尾 을 거예요

② **적을 거예요** .
チョグル コエヨ

基本形 적다⇒ 語幹 **적**+ 語尾 을 거예요

③ **아닐 거예요** .
アニル コエヨ

基本形 아니다⇒ 語幹 **아니**+ 語尾 ㄹ 거예요

④ **아플 거예요** .
アプル コエヨ

基本形 아프다⇒ 語幹 **아프**+ 語尾 ㄹ 거예요

⑤ **바쁠 거예요** .
パップル コエヨ

基本形 바쁘다⇒ 語幹 **바쁘**+ 語尾 ㄹ 거예요

⑥ **예쁠 거예요** .
イェップル コエヨ

基本形 예쁘다⇒ 語幹 **예쁘**+ 語尾 ㄹ 거예요

⑦ **슬플 거예요** .
スルプル コエヨ

基本形 슬프다⇒ 語幹 **슬프**+ 語尾 ㄹ 거예요

⑧ **빠를 거예요** .
ッパルル コエヨ

基本形 빠르다⇒ 語幹 **빠르**+ 語尾 ㄹ 거예요

※⑧ 基 **빠르다** 「速い、早い」 ⇔ **느리다** 「遅い」「のろい」

18

~ ㄹ / 을 것 같아요 1

~みたいです（～そうです、～ようです、～と思います）

🔊 018

① 忙し**そうです。**

② 美味し**そうです。**

③ まず**そうです。**

④ 変にな**りそうです。**

⑤ 行く**みたいです。**

⑥ 忙し**そうです。**（直訳：精神がないみたいです。）

⑦ 良さ**そうです。**

⑧ 面白**そうです。**

補足メモ

※② 맛「味」+ 있다「ある、いる」→맛있다「美味しい」
※③ 맛「味」+ 없다「いない、ない」→ 맛없다「まずい」
※⑥ 정신 直訳「精神」以外に「魂」「意識」という意味でもよく使われる。

📖 文法をおさえよう

✱ 다の前の文字(語幹の最後)に「パッチム」なし

| 用言の語幹 + ㄹ 것 같아요 | ① ④ ⑤ |

✱ 다の前の文字(語幹の最後)に「パッチム」あり

| 用言の語幹 + 을 것 같아요 | ② ③ ⑥ ⑦ ⑧ |

例外> | ㄹパッチム | 語幹からパッチムㄹを脱落させ+ㄹ 것 같아요(?)

---

① 바**쁠** 것 같아요.
パップル コッ カタヨ

基本形 바쁘다⇒ 語幹 **바쁘**+ 語尾 **ㄹ 것 같아요**

② 맛있**을** 것 같아요.
マシッスル コッ カタヨ

基本形 맛있다⇒ 語幹 **맛있**+ 語尾 **을 것 같아요**

③ 맛없**을** 것 같아요.
マドプスル コッ カタヨ

基本形 맛없다⇒ 語幹 **맛없**+ 語尾 **을 것 같아요**

④ 미칠 것 같아요.
ミチル コッ カタヨ

基本形 미치다⇒ 語幹 **미치**+ 語尾 **ㄹ 것 같아요**

⑤ 갈 것 같아요.
カル コッ カタヨ

基本形 가다⇒ 語幹 **가**+ 語尾 **ㄹ 것 같아요**

⑥ 정신(이) 없을 것 같아요.
チョンシン(ニ) オプスル コッ カッタヨ

基本形 정신없다⇒ 語幹 **정신없**+ 語尾 **을 것 같아요**

⑦ 좋을 것 같아요.
チョウル コッ カタヨ

基本形 좋다⇒ 語幹 **좋**+ 語尾 **을 것 같아요**

⑧ 재미있을 것 같아요.
チェミイッスル コッ カタヨ

基本形 재미있다⇒ 語幹 **재미있**+ 語尾 **을 것 같아요**

※⑥ 정신(이) 없다 「(自分の精神・意識がなくなるくらい)忙しい」「(まわりが)うるさい」「あわただしい」という意味でよく使われる。

※⑧ 재미「面白さ」+있다「ある、いる」→재미있다「面白い」

19 ●基本語尾：～ㄹ/을 생각이다　ㅋ体①

～ㄹ/을 생각이에요,
～ㄹ/을 생각이에요? 1

～する考えです（～するつもりです）、
～する考えですか？（～するつもりですか？）

🔊 019

① **買う**つもりですか？

② **行く**つもりですか？

③ **付き合う**つもりです。

④ **食べる**つもりです。

⑤ ダイエット**するつもりです。**

⑥ **乗る**つもりですか？

⑦ **忘れる**つもりです。

⑧ デート**するつもりです。**

＼補足メモ／

※① 基 사다「買う」
※② 基 가다「行く」
※③ 基 사귀다「付き合う」「交際する」、基 교제하다「直訳：交際する」
※④ 基 먹다「食べる」

(70)

🔵 文法をおさえよう

✴ 다の前の文字(語幹の最後)に「パッチム」なし

用言の語幹 + ㄹ 생각이에요	① ② ③ ⑤ ⑥ ⑧

✴ 다の前の文字(語幹の最後)に「パッチム」あり

用言の語幹 + 을 생각이에요	④ ⑦

例外＞ | ㄹパッチム | 語幹からパッチムㄹを脱落させ+ㄹ 생각이에요(?)

---

① 살 생각이에요 ?
サル　センガギエヨ？

基本形 사다⇒ 語幹 **사**+ 語尾 **ㄹ** 생각이에요 ?

② 갈 생각이에요 ?
カル　センガギエヨ？

基本形 가다⇒ 語幹 **가**+ 語尾 **ㄹ** 생각이에요 ?

③ 사귈 생각이에요 .
サグィル　センガギエヨ

基本形 사귀다⇒ 語幹 **사귀**+ 語尾 **ㄹ** 생각이에요

④ 먹을 생각이에요 .
モグル　センガギエヨ

基本形 먹다⇒ 語幹 **먹**+ 語尾 **을** 생각이에요

⑤ 다이어트할 생각이에요 .
タイオトゥハル　センガギエヨ

基本形 다이어트하다⇒ 語幹 **다이어트하**+ 語尾 **ㄹ** 생각이에요

⑥ 탈 생각이에요 ?
タル　センガギエヨ？

基本形 타다⇒ 語幹 **타**+ 語尾 **ㄹ** 생각이에요 ?

⑦ 잊을 생각이에요 .
イジュル　センガギエヨ

基本形 잊다⇒ 語幹 **잊**+ 語尾 **을** 생각이에요

⑧ 데이트할 생각이에요 .
テイトゥハル　センガギエヨ

基本形 데이트하다⇒ 語幹 **데이트하**+ 語尾 **ㄹ** 생각이에요

※⑤ 動 다이어트하다「ダイエットする」　※⑥ 動 타다「乗る」
※⑦ 動 잊다「("目に見えない" 思い出などを)忘れる」注意！　比較 動 잃다「("目に見えるもの" などを)なくす」
※⑧ 動 데이트하다「デートする」

20

●基本語尾：~지 않다　ヨ体①

~지 않아요,
~지 않아요? 1

~しないです（～しません）、
～しないのですか？（～しませんか？）

🔊 020

1. やら**ないです**。（し**ないです**。）

2. 食べ**ないです**。

3. 後悔し**ないです**。

4. 連絡し**てないですか？**

5. 期待し**てないです**。

6. お風呂に入ら**ないのですか？**（お風呂を**しないのですか？**）

7. 遊びに行**かないです**。

8. 親し**くないです**。

＼補足メモ／

※3 **후회하지**をそのまま読むと [フフェハジ] だが、**ㅎ**を続けて読む場合**ㅎ**の
音が弱音化されるケースがよくある。弱音化された [フエハジ] の発音もしっ
かり練習しましょう！

② 文法をおさえよう

用言の語幹 + 지 않아요 / 지 않아요?

✱ 다の前の文字(語幹の最後)に「パッチム」有無は関係なし

---

① 하**지 않아요** .
ハジ　アナヨ

[基本形] 하다⇒ 語幹 **하**+ 語尾 **지 않아요**

---

② 먹**지 않아요** .
モクチ　アナヨ

[基本形] 먹다⇒ 語幹 **먹**+ 語尾 **지 않아요**

---

③ 후회하**지 않아요** .
フフェハジ　アナヨ

[基本形] 후회하다⇒ 語幹 **후회하**+ 語尾 **지 않아요**

---

④ 연락하**지 않아요** ?
ヨルラ(ク)カジ　アナヨ?

[基本形] 연락하다⇒ 語幹 **연락하**+ 語尾 **지 않아요**?

---

⑤ 기대하**지 않아요** .
キデハジ　アナヨ

[基本形] 기대하다⇒ 語幹 **기대하**+ 語尾 **지 않아요**

---

⑥ 목욕하**지 않아요** ?
モギョ(ク)カジ　アナヨ?

[基本形] 목욕하다⇒ 語幹 **목욕하**+ 語尾 **지 않아요**?

---

⑦ 놀러가**지 않아요** .
ノルロガジ　アナヨ

[基本形] 놀러가다⇒ 語幹 **놀러가**+ 語尾 **지 않아요**

---

⑧ 친하**지 않아요** .
チナジ　アナヨ

[基本形] 친하다⇒ 語幹 **친하**+ 語尾 **지 않아요**

※⑦ **놀다**「遊ぶ」+ **가다**「行く」→**놀러가다**「遊びに行く」
※⑧ 🕵 **친하다**「親しい」

日本語ができれば、韓国語も上手に？！

　日本と韓国は同じアジア国家で漢字の影響を受けています。ということは言わなくても予測できますよね？　そうです。漢字です。日本で生まれ育った人が漢字を使わないなんて。そんなもったいないことはやめましょう（笑）

　例えば日本語の約束【ヤクソク】は韓国語も全く同じ**약속**【ヤクソク】です。
　ポイントはパッチム（各文字の下の部分）を発音しようと思って途中で止めることです。【ヤクソク】の場合は【ヤクソク】。【ク】を発音しようとした段階で発音せずに止めたらちょうどいい発音です。

　では、韓国語をいくつかチェックしましょう。暗記や勉強はしなくても OK。韓国語の意味は何個わかるのか挑戦だけでもしてみてください。

1. 무리【ムリ】　　　4. 기온【キオン】
2. 가방【カバン】　　5. 온도【オンド】
3. 분야【ブンヤ】

どうですか？　私、天才かも？！と思っていませんか？（笑）
　正解は　1. 無理　　2. 鞄　　3. 分野　　4. 気温　　5. 温度
楽しくなったでしょう？

　残念ながら漢字を使っていない国の学習者はこのように韓国語の習得ができません。なんだかお得になった感じになりましたか？　語学は楽しい気持ちがあると学習の効率も上がります。これからは漢字語もぜひチェックしておきましょう。

Part 2

韓国語のニダ体で
簡単な文を
作れるようになろう

21

●하다（する、やる）の丁寧でかしこまった表現①

~ 합니다 , 합니까 ? 1

~します、しますか？

🔊 021

1 必要ですか？

2 運動します。

3 働きますか？

4 電話しています。

5 歌いますか？

6 思います。

7 便利ですか？

8 不便です。

——補足メモ——

※4 전화　実際の発音は [저놔]

※5 🇰🇷 노래하다 「歌う」を直訳すると「歌 (を) する」になる。もう一つの表現として노래를
부르다 「歌を歌う」もよく使われる。

❷ 文法をおさえよう

※基本形하다(する、やる)の、丁寧でかしこまった表現は합니다

※「하다：する、やる」は例文①⑦⑧のように日本語の「〜です、ですか？」に訳される表現もある。

※「〜しています」「〜していますか？」という意味で使われるケースも多い。

하 +ㅂ니다 → 합니다.	②④⑥⑧

하 +ㅂ니까? → 합니까?	①③⑤⑦

① 필요**합니까**?
ピリョハムニッカ？

基本形 필요하다⇒ 語幹 **필요하**+ 語尾 ㅂ니까?

② 운동**합니다**.
ウンドンハムニダ

基本形 운동하다⇒ 語幹 **운동하**+ 語尾 ㅂ니다

③ 일**합니까**?
イラムニッカ？

基本形 일하다⇒ 語幹 **일하**+ 語尾 ㅂ니까?

④ 전화**합니다**.
チョヌァハムニダ

基本形 전화하다⇒ 語幹 **전화하**+ 語尾 ㅂ니다

⑤ 노래**합니까**?
ノレハムニッカ？

基本形 노래하다⇒ 語幹 **노래하**+ 語尾 ㅂ니까?

⑥ 생각**합니다**.
センガ(ク)カムニダ

基本形 생각하다⇒ 語幹 **생각하**+ 語尾 ㅂ니다

⑦ 편리**합니까**?
ピョルリハムニッカ？

基本形 편리하다⇒ 語幹 **편리하**+ 語尾 ㅂ니까?

⑧ 불편**합니다**.
プルピョナムニダ

基本形 불편하다⇒ 語幹 **불편하**+ 語尾 ㅂ니다

※⑥ 🔴 생각하다「考える」「思う」「想う」、⑥は「思います」以外にも「想っています」、「考えます」「考えています」などという意味にもなる。

※⑦ 편리 実際の発音は [펼리]

22

～ㅂ/습니다,
～ㅂ/습니까? 1

～です（ます）、～ですか？（ますか？）

🔊 022

1　食べます。

2　小さいですか？

3　近いです。

4　ありません。（いません。）

5　大きいですか？

6　飲みます。

7　会います。

8　学びます。

――\ 補足メモ /――

※1～8「ㅂ니다」の実際の発音は [ㅁ니다]、「ㅂ니까」の実際の発音は [ㅁ니까]。
※1～8「습니다」の実際の発音は [슴니다]、「습니까」の実際の発音は [슴니까]。

⚙ 文法をおさえよう

＊ 다の前の文字（語幹の最後）に「パッチム」なし

用言の語幹＋ ㅂ니다 / ㅂ니까? ⑤⑥⑦⑧

＊ 다の前の文字（語幹の最後）に「パッチム」あり

用言の語幹＋ 습니다 / 습니까? ①②③④

---

① 먹습니다 .
モクスムニダ

基本形 먹다⇒ 語幹 먹 + 語尾 습니다

② 작습니까 ?
チャクスムニッカ?

基本形 작다⇒ 語幹 작 + 語尾 습니까 ?

③ 가깝습니다 .
カッカプスムニダ

基本形 가깝다⇒ 語幹 가깝 + 語尾 습니다

④ 없습니다 .
オプスムニダ

基本形 없다⇒ 語幹 없 + 語尾 습니다

⑤ 큽니까 ?
クムニッカ?

基本形 크다⇒ 語幹 크 + 語尾 ㅂ니까 ?

⑥ 마십니다 .
マシムニダ

基本形 마시다⇒ 語幹 마시 + 語尾 ㅂ니다

⑦ 만납니다 .
マンナムニダ

基本形 만나다⇒ 語幹 만나 + 語尾 ㅂ니다

⑧ 배웁니다 .
ペウムニダ

基本形 배우다⇒ 語幹 배우 + 語尾 ㅂ니다

23 ●勧誘 ～ㅂ/읍시다 ①

～ㅂ/읍시다 1
～しましょう

🔊 023

① 食べ**ましょう**。

② 勉強**しましょう**。

③ 行き**ましょう**。

④ 寝**ましょう**。

⑤ 見**ましょう**。

⑥ 会い**ましょう**。

⑦ 休み**ましょう**。

⑧ 移動**しましょう**。

＼補足メモ／

❷ 文法をおさえよう

✲ 다の前の文字(語幹の最後)に「パッチム」なし

用言の語幹＋ㅂ시다	② ③ ④ ⑤ ⑥ ⑦ ⑧

✲ 다の前の文字(語幹の最後)に「パッチム」あり

用言の語幹＋읍시다	①

例外＞ ㄹパッチム 語幹からパッチムㄹを脱落させ＋ㅂ시다

---

① 먹**읍시다** .
モグプシダ

> 基本形 먹다⇒ 語幹 **먹**＋ 語尾 **읍시다**

② 공부**합시다** .
コンブハプシダ

> 基本形 공부하다⇒ 語幹 **공부하**＋ 語尾 **ㅂ시다**

③ **갑시다** .
カプシダ

> 基本形 가다⇒ 語幹 **가**＋ 語尾 **ㅂ시다**

④ **잡시다** .
チャプシダ

> 基本形 자다⇒ 語幹 **자**＋ 語尾 **ㅂ시다**

⑤ **봅시다** .
ポプシダ

> 基本形 보다⇒ 語幹 **보**＋ 語尾 **ㅂ시다**

⑥ 만**납시다** .
マンナプシダ

> 基本形 만나다⇒ 語幹 **만나**＋ 語尾 **ㅂ시다**

⑦ **쉽시다** .
シュイプシダ

> 基本形 쉬다⇒ 語幹 **쉬**＋ 語尾 **ㅂ시다**

⑧ 이동**합시다** .
イドンハプシダ

> 基本形 이동하다⇒ 語幹 **이동하**＋ 語尾 **ㅂ시다**

24

●基本語尾：～고 싶다　ニダ体①

～고 싶습니다 ,
～고 싶습니까 ? 1

～したいです、～したいですか？

🔊 024

---

① 働きたいです。

---

② 見たいです。

---

③ 飲みたいです。

---

④ 知りたいですか？

---

⑤ 食べたいです。

---

⑥ 結婚したいです。

---

⑦ 行きたいですか？

---

⑧ 会いたいです。

＼補足メモ／

※④ 基 **알다**「知る」「分かる」
※⑥ **결혼하고**　実際の発音は [겨로나고]

❷ 文法をおさえよう

用言の語幹 + 고 싶습니다 / 고 싶습니까?

✱ 다の前の文字(語幹の最後)に「パッチム」有無は関係なし

① 일하고 싶습니다 .
イラゴ シプスムニダ

基本形 일하다⇒ 語幹 일하+ 語尾 고 싶습니다

② 보고 싶습니다 .
ポゴ シプスムニダ

基本形 보다⇒ 語幹 보+ 語尾 고 싶습니다

③ 마시고 싶습니다 .
マシゴ シプスムニダ

基本形 마시다⇒ 語幹 마시+ 語尾 고 싶습니다

④ 알고 싶습니까 ?
アルゴ シプスムニッカ?

基本形 알다⇒ 語幹 알+ 語尾 고 싶습니까 ?

⑤ 먹고 싶습니다 .
モッコ シプスムニダ

基本形 먹다⇒ 語幹 먹+ 語尾 고 싶습니다

⑥ 결혼하고 싶습니다 .
キョロナゴ シプスムニダ

基本形 결혼하다⇒ 語幹 결혼하+ 語尾 고 싶습니다

⑦ 가고 싶습니까 ?
カゴ シプスムニッカ?

基本形 가다⇒ 語幹 가+ 語尾 고 싶습니까 ?

⑧ 만나고 싶습니다 .
マンナゴ シプスムニダ

基本形 만나다⇒ 語幹 만나+ 語尾 고 싶습니다

25

●基本語尾：~ 아 / 어 보고 싶다　ニダ体①

~ 아 / 어 보고 싶습니다,
~ 아 / 어 보고 싶습니까? 1

~してみたいです、~してみたいですか？

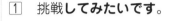

🔊 025

1　挑戦してみたいです。

2　働いてみたいですか？

3　会ってみたいです。

4　着てみたいです。

5　食べてみたいですか？

6　読んでみたいです。

7　参加してみたいです。

8　開けてみたいです。

＼補足メモ／

🟢 文法をおさえよう

✳ 다の前の文字(語幹の最後)に「ㅗ」か「ㅏ」あり

| 用言の語幹 + **아 보고 싶습니다 / 싶습니까?** | 3 |

✳ 다の前の文字(語幹の最後)に「ㅗ」か「ㅏ」なし

| 用言の語幹 + **어 보고 싶습니다 / 싶습니까?** | 4 5 6 8 |

例外＞**하다**(する・やる) → **해 보고 싶습니다 / 해 보고 싶습니까?** 1 2 7

---

1 **도전해 보고 싶습니다.**
トジョネ ボゴ シプスムニダ

基本形 도전하다 ⇒ 語幹 **도전하**+ 語尾 **여 보고 싶습니다**

2 **일해 보고 싶습니까?**
イレ ボゴ シプスムニッカ?

基本形 일하다⇒ 語幹 **일하**+ 語尾 **여 보고 싶습니까?**

3 **만나 보고 싶습니다.**
マンナ ボゴ シプスムニダ

基本形 만나다⇒ 語幹 **만나**+ 語尾 **아 보고 싶습니다**

4 **입어 보고 싶습니다.**
イボ ボゴ シプスムニダ

基本形 입다⇒ 語幹 **입**+ 語尾 **어 보고 싶습니다**

5 **먹어 보고 싶습니까?**
モゴ ボゴ シプスムニッカ?

基本形 먹다⇒ 語幹 **먹**+ 語尾 **어 보고 싶습니까?**

6 **읽어 보고 싶습니다.**
イルゴ ボゴ シプスムニダ

基本形 읽다⇒ 語幹 **읽**+ 語尾 **어 보고 싶습니다**

7 **참가해 보고 싶습니다.**
チャムガヘ ボゴ シプスムニダ

基本形 참가하다 ⇒ 語幹 **참가하**+ 語尾 **여 보고 싶습니다**

8 **열어 보고 싶습니다.**
ヨロ ボゴ シプスムニダ

基本形 열다⇒ 語幹 **열**+ 語尾 **어 보고 싶습니다**

26

～고 있습니다, ～고 있습니까? 1

～しています、～していますか？

🔊 026

① どのように過ごしていますか？

② 元気に過ごしています。

③ 教えていますか？

④ 学んでいます。

⑤ 連絡していますか？

⑥ 連絡しています。

⑦ 行っていますか？（向かっていますか？）

⑧ 運転しています。

＼補足メモ／

※① 어떻게　実際の発音は [어떠케]
※③ 基 가르치다「教える」⇔ ④ 基 배우다「学ぶ」
※⑤⑥ 연락하고　実際の発音は [열라카고]

🄲 文法をおさえよう

用言の語幹 + 고 있습니다 / 고 있습니까?

✳ 다の前の文字（語幹の最後）に「パッチム」有無は関係なし

---

① 어떻게 지내고 있습니까 ?
   オットッケ　チネゴ　イッスムニッカ?

   基本形 지내다⇒ 語幹 지내+ 語尾 고 있습니까 ?

② 잘 지내고 있습니다 .
   チャル　チネゴ　イッスムニダ

   基本形 지내다⇒ 語幹 지내+ 語尾 고 있습니다

③ 가르치고 있습니까 ?
   カルチゴ　イッスムニッカ?

   基本形 가르치다⇒ 語幹 가르치+ 語尾 고 있습니까 ?

④ 배우고 있습니다 .
   ペウゴ　イッスムニダ

   基本形 배우다⇒ 語幹 배우+ 語尾 고 있습니다

⑤ 연락하고 있습니까 ?
   ヨルラ(ク)カゴ　イッスムニッカ?

   基本形 연락하다⇒ 語幹 연락하+ 語尾 고 있습니까 ?

⑥ 연락하고 있습니다 .
   ヨルラ(ク)カゴ　イッスムニダ

   基本形 연락하다⇒ 語幹 연락하+ 語尾 고 있습니다

⑦ 가고 있습니까 ?
   カゴ　イッスムニッカ?

   基本形 가다⇒ 語幹 가+ 語尾 고 있습니까 ?

⑧ 운전하고 있습니다 .
   ウンジョナゴ　イッスムニダ

   基本形 운전하다⇒ 語幹 운전하+ 語尾 고 있습니다

※⑧ 基 운전하다 「運転する」

27

基本語尾：～가/이 이다

名詞 / 代名詞 **가/이 ○○입니다,**
名詞 / 代名詞 **가/이 ○○입니까?**

～が○○です、～が○○ですか？

🔊 027

---

1 ここが空港です。

---

2 そこがソウルタワーです。

---

3 韓国語試験がいつですか？

---

4 友達が社長です。

---

5 だれが担当者ですか？

---

6 私が担当者です。

---

7 お母さんが韓国人です。

---

8 おばさん(お母さんの姉もしくは妹)が映画俳優です。

＼補足メモ／

※4 韓国語で「사장님」の님「様」をとると失礼な言い方に聞こえるので注意！
※5「だれ」누구、「だれが」は누구가ではなく「누가」になるので、注意！
※6「私が」は「저가」ではなく「제가」になるので、注意！

🔁 文法をおさえよう

※ ~ 이다「~である」のニダ体が입니다、疑問形は입니까?である。

✴ 単語の最後の文字にパッチムなし(前の語にパッチムなし)

| パッチム無 + **가 입니다 / 입니까?** | 1️⃣ 2️⃣ 4️⃣ 5️⃣ 6️⃣ 7️⃣ 8️⃣ |

✴ 単語の最後の文字にパッチムあり(前の語にパッチムあり)

| パッチム有 + **이 입니다 / 입니까?** | 3️⃣ |

✴ ~가:単語の最後の文字にパッチムなし+가 例 ここが 여기가
   ~が:単語の最後の文字にパッチムあり+이 例 授業が 수업이

1️⃣ 여기**가** 공항**입니다**.
ヨギガ　コンハンイムニダ

名詞/代名詞 여기+ 語尾 **가** ~ 입니다

2️⃣ 거기**가** 서울타워**입니다**.
コギガ　ソウルタウォイムニダ

名詞/代名詞 거기+ 語尾 **가** ~ 입니다

3️⃣ 한국어 시험**이** 언제**입니까**?
ハングゴ　シホミ　オンジェイムニッカ?

名詞/代名詞 한국어 시험+ 語尾 **이** ~ 입니까?

4️⃣ 친구**가** 사장님**입니다**.
チングガ　サジャンニミムニダ

名詞/代名詞 친구+ 語尾 **가** ~ 입니다

5️⃣ 누**가** 담당자**입니까**?
ヌガ　タムダンジャイムニッカ?

名詞/代名詞 + 語尾 **가** ~ 입니까?

6️⃣ 제**가** 담당자**입니다**.
チェガ　タムダンジャイムニダ

名詞/代名詞 제+ 語尾 **가** ~ 입니다

7️⃣ 어머니**가** 한국 사람**입니다**.
オモニガ　ハングク　サラミムニダ

名詞/代名詞 어머니+ 語尾 **가** ~ 입니다

8️⃣ 이모**가** 영화배우**입니다**.
イモガ　ヨンファベウイムニダ

名詞/代名詞 이모+ 語尾 **가** ~ 입니다

※7️⃣ 한국인「直訳:韓国人」、한국 사람「直訳:韓国(の)人」
※8️⃣ お母さんの姉もしくは妹を「이모」、お父さんの姉もしくは妹を「고모」という。
※日本語では「~は」で表現するのを、韓国語では「~が」とする場合も多い。

28

●基本文型：～가 / 이 아니다

～가 / 이 아닙니다, ～가 / 이 아닙니까?

～ではありません、～ではありませんか？

🔊 028

1 医者ではありませんか？

2 女性ではありません。

3 友達ではありませんか？

4 歌手ではありません。

5 これではありませんか？

6 家族ではありません。

7 ペク先生ではありませんか？

8 大学生ではありません。

―― 補足メモ ――

※2 여자は直訳「女子」となる。女性を表す一般的な言葉である。礼儀を守って분「方」をつけ、여자분「女の人」「女の方」としてもよく使われる。여자사람とは言わないので注意。여성「女性」も使われる。

🄴 文法をおさえよう

✱ 単語の最後の文字にパッチムなし（前の語にパッチムなし）

| パッチム無+ **가 아닙니다 / 아닙니까?** | ① ② ③ ④ |

✱ 単語の最後の文字にパッチムあり（前の語にパッチムあり）

| パッチム有 + **이 아닙니다 / 아닙니까?** | ⑤ ⑥ ⑦ ⑧ |

---

① **의사가 아닙니까 ?**
ウィサガ　アニムニッカ？

名詞／代名詞 의사+ 語尾 **가 ~ 아닙니까 ?**

② **여자가 아닙니다 .**
ヨジャガ　アニムニダ

名詞／代名詞 여자+ 語尾 **가 ~ 아닙니다**

③ **친구가 아닙니까 ?**
チングガ　アニムニッカ？

名詞／代名詞 친구+ 語尾 **가 ~ 아닙니까 ?**

④ **가수가 아닙니다 .**
カスガ　アニムニダ

名詞／代名詞 가수+ 語尾 **가 ~ 아닙니다**

⑤ **이것이 (이게) 아닙니까 ?**
イゴシ（イゲ）　アニムニッカ？

名詞／代名詞 이것+ 語尾 **이 ~ 아닙니까 ?**

⑥ **가족이 아닙니다 .**
カジョギ　アニムニダ

名詞／代名詞 가족+ 語尾 **이 ~ 아닙니다**

⑦ **백선생님이 아닙니까 ?**
ペクソンセンニミ　アニムニッカ？

名詞／代名詞 백선생님+ 語尾 **이 ~ 아닙니까 ?**

⑧ **대학생이 아닙니다 .**
テハクセンイ　アニムニダ

名詞／代名詞 대학생+ 語尾 **이 ~ 아닙니다**

※⑤ 日常会話では**이것이**よりは縮約された形である**이게**がよく使われるので、縮約
形をチェック！**이것이**「これが」→**이게**、**그것이**「それが」→**그게**、**저것이**「あ
れが」→**저게**

Part 1　韓国語のヨ体で簡単な文を作れるようになろう… (91)

29

●基本語尾：~ㄹ / 을 수 있다　ニダ体①

~ㄹ / 을 수 있습니다,
~ㄹ / 을 수 있습니까? 1

~することができます、~することができますか？

🔊 029

1 できますか？

2 出勤**することができます。**

3 　起きることができますか？

4 理解**できますか？**

5 理解**できます。**

6 送る**ことができますか？**

7 着る**ことができます。**

8 持つことができますか？

\ 補足メモ /

※2 **출근**「出勤」⇔**퇴근**「退勤」、**퇴사**「退社」は会社を辞めることを意味する。
※3 **일어나다**「起きる」のほか、「起き上がる」「立ち上がる」、事故や事件が発生するという意味
での「起きる」としても使われる。

92

⊙ 文法をおさえよう

☀ 다の前の文字(語幹の最後)に「パッチム」なし

| 用言の語幹 + ㄹ 수 있습니다 / 있습니까? | 1 2 3 4 5 6 |

☀ 다の前の文字(語幹の最後)に「パッチム」あり

| 用言の語幹 + 을 수 있습니다 / 있습니까? | 7 |

例外> | ㄹパッチム | 語幹からパッチムㄹを脱落させ+ ㄹ 수 있습니다 / ㄹ 수 있습니까? 8

---

1 **할 수 있습니까?**
ハル ス イッスムニッカ?

[基本形] 하다⇒ 語幹 **하**+ 語尾 **ㄹ 수 있습니까?**

2 **출근할 수 있습니다.**
チュルグナル ス イッスムニダ

[基本形] 출근하다 ⇒ 語幹 **출근하**+ 語尾 **ㄹ 수 있습니다**

3 **일어날 수 있습니까?**
イロナル ス イッスムニッカ?

[基本形] 일어나다⇒ 語幹 **일어나**+ 語尾 **ㄹ 수 있습니까?**

4 **이해할 수 있습니까?**
イヘハル ス イッスムニッカ?

[基本形] 이해하다 ⇒ 語幹 **이해하** + 語尾 **ㄹ 수 있습니까?**

5 **이해할 수 있습니다.**
イヘハル ス イッスムニダ

[基本形] 이해하다⇒ 語幹 **이해하**+ 語尾 **ㄹ 수 있습니다**

6 **보낼 수 있습니까?**
ポネル ス イッスムニッカ?

[基本形] 보내다⇒ 語幹 **보내**+ 語尾 **ㄹ 수 있습니까?**

7 **입을 수 있습니다.**
イブル ッス イッスムニダ

[基本形] 입다⇒ 語幹 **입**+ 語尾 **을 수 있습니다**

8 **들 수 있습니까?**
トゥル ス イッスムニッカ? ※들다は変則活用します。パッチムのㄹが脱落して、ㄹ 수 있습니까? がつきます。

[基本形] 들다⇒ 語幹 **들**+ 語尾 **ㄹ 수 있습니까?**
　　　　　　　脱落

※8 基 들다「(荷物など) 持つ」

※4 5 **이해할 수**をそのまま読むと [イヘハル　ス] だが、ㅎを続けて読む場合ㅎの音が弱音化されるケースがよくある。弱音化された [イエアル　ス] の発音もしっかり練習しましょう！

30

●基本語尾：～ㄹ / 을 수 없다　ニダ体

～ㄹ / 을 수 없습니다 , ～ㄹ / 을 수 없습니까 ?

～することができません、～することができませんか？

🔊 030

1　読むことができません。

2　来ることができません。

3　戻ることができませんか？

4　忘れることができません。

5　設置することができませんか？

6　約束することができません。

7　予約することができませんか？

8　迎えに行くことができません。

＼補足メモ／

※3 돌아가다「戻る」「帰る」「遠回りする」

※4 基 잊다「（記憶などの目に見えない事を）忘れる」　比較 基 잃다「（目に見えるものを）なくす」

🔄 文法をおさえよう

✴ 다の前の文字(語幹の最後)に「パッチム」なし

用言の語幹 + ㄹ 수 없습니다 / 없습니까? ② ③ ⑤ ⑥ ⑦ ⑧

✴ 다の前の文字(語幹の最後)に「パッチム」あり

用言の語幹 + 을 수 없습니다 / 없습니까? ① ④

例外＞ ㄹパッチム 語幹からパッチム ㄹを脱落させ+ ㄹ 수 없습니다 / ㄹ 수 없습니까?

① 읽을 수 없습니다 .
イルグルス　オプスムニダ

基本形 읽다⇒ 語幹 읽+ 語尾 을 수 없습니다

② 올 수 없습니다 .
オルス　オプスムニダ

基本形 오다⇒ 語幹 오+ 語尾 ㄹ 수 없습니다

③ 돌아갈 수 없습니까 ?
トゥラガル　ス　オプスムニッカ?

基本形 돌아가다 ⇒ 語幹 돌아가+ 語尾 ㄹ 수 없습니까 ?

④ 잊을 수 없습니다 .
イジュル　ス　オプスムニダ

基本形 잊다⇒ 語幹 잊+ 語尾 을 수 없습니다

⑤ 설치할 수 없습니까 ?
ソルチハル　ス　オプスムニッカ?

基本形 설치하다 ⇒ 語幹 설치하+ 語尾 ㄹ 수 없습니까 ?

⑥ 약속할 수 없습니다 .
ヤクソ(ク)カル　ス　オプスムニダ

基本形 약속하다 ⇒ 語幹 약속하+ 語尾 ㄹ 수 없습니다

⑦ 예약할 수 없습니까 ?
イェヤ(ク)カル　ス　オプスムニッカ?

基本形 예약하다 ⇒ 語幹 예약하+ 語尾 ㄹ 수 없습니까 ?

⑧ 마중 나갈 수 없습니다 .
マジュン　ナガル　ス　オプスムニダ

基本形 마중 나가다⇒ 語幹 마중 나가+ 語尾 ㄹ 수 없습니다

※⑧ 基 마중 나가다 「迎えに行く」

31

～겠습니다 (意志、近い未来) 1

～するつもりです（～します）

🔊 031

① 食べます。

② 入ります。

③ 見ます。

④ 行きます。

⑤ 電話します。

⑥ 待ちます。

⑦ 招待します。

⑧ 尋ねてみます。（聞いてみます。）

―\ 補足メモ /―

※② 🈁 들어가다「入って行く」。ある場所に「入って行く」、つまり、「入る」「戻る」、そのほか「帰る」という意味としてよく使われる。

※⑧ 🈁 묻다「尋ねる」＋🈁 보다「見る」→🈁 물어보다「尋ねてみる」「聞いてみる」、

※ ㄹ/을게요(15課)よりかしこまった語尾。
※近い未来、自分の軽い意志を表現する語尾。

用言の語幹 + **겠습니다.**

✱ 다の前の文字（語幹の最後）に「パッチム」有無は関係なし

---

① **먹겠습니다**.
モッケッスムニダ

基本形 먹다⇒ 語幹 **먹**+ 語尾 **겠습니다**

② **들어가겠습니다**.
トゥロガゲッスムニダ

基本形 들어가다⇒ 語幹 **들어가**+ 語尾 **겠습니다**

③ **보겠습니다**.
ポゲッスムニダ

基本形 보다⇒ 語幹 **보**+ 語尾 **겠습니다**

④ **가겠습니다**.
カゲッスムニダ

基本形 가다⇒ 語幹 **가**+ 語尾 **겠습니다**

⑤ **전화하겠습니다**.
チョヌァハゲッスムニダ

基本形 전화하다⇒ 語幹 **전화하**+ 語尾 **겠습니다**

⑥ **기다리겠습니다**.
キダリゲッスムニダ

基本形 기다리다⇒ 語幹 **기다리**+ 語尾 **겠습니다**

⑦ **초대하겠습니다**.
チョデハゲッスムニダ

基本形 초대하다⇒ 語幹 **초대하**+ 語尾 **겠습니다**

⑧ **물어보겠습니다**.
ムロボゲッスムニダ

基本形 물어보다⇒ 語幹 **물어보**+ 語尾 **겠습니다**

🐾 듣다「聞く」+🐾 보다「見る」→ 🐾 들어 보다「聞いてみる」は「尋ねてみる」という意味として
は使わないので、注意！

32

～ㄹ/을 것 같습니다
～ㄹ/을 것 같습니까? 1

～みたいです（～そうです、～ようです）、
～みたいですか？（～そうですか？～ようですか？）

🔊 032

1　忙し**そうです**。

2　美味し**そうですか？**

3　まず**そうです**。

4　休み**そうです**。

5　悲し**そうですか？**

6　面白**そうです**。

7　反対し**そうですか？**

8　賛成し**そうです**。

＼補足メモ／

※4 基 쉬다「休む」
※7 반대「反対」
※8 찬성「賛成」

🔁 文法をおさえよう

★ 다の前の文字(語幹の最後)に「パッチム」なし

用言の語幹 + ㄹ 것 같습니다 / 같습니까?	① ④ ⑤ ⑦ ⑧

★ 다の前の文字(語幹の最後)に「パッチム」あり

用言の語幹 + 을 것 같습니다 / 같습니까?	② ③ ⑥

例外> ㄹパッチム 語幹からパッチム ㄹを脱落させ+ ㄹ 것 같습니다 / ㄹ 것 같습니까?

---

① **바쁠 것 같습니다.**
　　パップル　コッ　カッスムニダ

　　基本形 바쁘다⇒ 語幹 **바쁘**+ 語尾 ㄹ 것 같습니다

② **맛있을 것 같습니까?**
　　マシッスル　コッ　カッスムニッカ?

　　基本形 맛있다⇒ 語幹 **맛있**+ 語尾 을 것 같습니까?

③ **맛없을 것 같습니다.**
　　マドプスル　コッ　カッスムニダ

　　基本形 맛없다⇒ 語幹 **맛없**+ 語尾 을 것 같습니다

④ **쉴 것 같습니다.**
　　シュイル　コッ　カッスムニダ

　　基本形 쉬다⇒ 語幹 **쉬**+ 語尾 ㄹ 것 같습니다

⑤ **슬플 것 같습니까?**
　　スルプル　コッ　カッスムニッカ?

　　基本形 슬프다⇒ 語幹 **슬프**+ 語尾 ㄹ 것 같습니까?

⑥ **재미있을 것 같습니다.**
　　チェミイッスル　コッ　カッスムニダ

　　基本形 재미있다⇒ 語幹 **재미있**+ 語尾 을 것 같습니다

⑦ **반대할 것 같습니까?**
　　パンデハル　コッ　カッスムニッカ?

　　基本形 반대하다 ⇒ 語幹 **반대하**+ 語尾 ㄹ 것 같습니까?

⑧ **찬성할 것 같습니다.**
　　チャンソンハル　コッ　カッスムニダ

　　基本形 찬성하다 ⇒ 語幹 **찬성하**+ 語尾 ㄹ 것 같습니다

33

●基本語尾：~ㄹ/을 생각이다　ニダ体①

~ㄹ/을 생각입니다,
~ㄹ/을 생각입니까? 1

~する考えです（~するつもりです）、
~する考えですか？（~するつもりですか？）

🔊 033

1　買うつもりです。

2　行くつもりですか？

3　利用**するつもりです。**

4　使用**するつもりです。**

5　参加**するつもりですか？**

6　食べ**るつもりです。**

7　寝るつもりですか？

8　勉強**するつもりです。**

――\補足メモ/――――――――――――――――――――

※① 基 사다「買う」살 생각입니다「買うつもりです」、
　語幹の最後（다の前の文字）にㄹパッチムの場合は変則になるので、ㄹを脱
　落させてから語尾を付ける。例えば 基 살다「生きる、暮らす、過ごす」を

(100)

❷ 文法をおさえよう

✳ 다の前の文字(語幹の最後)に「パッチム」なし

| 用言の語幹 + ㄹ 생각입니다 / 생각입니까? | ① ② ③ ④ ⑤ ⑦ ⑧ |

✳ 다の前の文字(語幹の最後)に「パッチム」あり

| 用言の語幹 + 을 생각입니다 / 생각입니까? | ⑥ |

例外> | ㄹパッチム | 語幹からパッチム ㄹを脱落させ+ ㄹ 생각입니다 / ㄹ 생각입니까?

① **살 생각입니다** .
サル センガギムニダ

> 基本形 사다⇒ 語幹 **사**+ 語尾 ㄹ 생각입니다

② **갈 생각입니까?**
カル センガギムニッカ?

> 基本形 가다⇒ 語幹 **가**+ 語尾 ㄹ 생각입니까?

③ **이용할 생각입니다** .
イヨンハル センガギムニダ

> 基本形 이용하다 ⇒ 語幹 **이용하**+ 語尾 ㄹ 생각입니다

④ **사용할 생각입니다** .
サヨンハル センガギムニダ

> 基本形 사용하다⇒ 語幹 **사용하**+ 語尾 ㄹ 생각입니다

⑤ **참가할 생각입니까?**
チャムガハル センガギムニカ?

> 基本形 참가하다 ⇒ 語幹 **참가하**+ 語尾 ㄹ 생각입니까?

⑥ **먹을 생각입니다** .
モグル センガギムニダ

> 基本形 먹다⇒ 語幹 **먹**+ 語尾 을 생각입니다

⑦ **잘 생각입니까?**
チャル センガギムニッカ?

> 基本形 자다⇒ 語幹 **자**+ 語尾 ㄹ 생각입니까?

⑧ **공부할 생각입니다** .
コンブハル センガギムニダ

> 基本形 공부하다⇒ 語幹 **공부하**+ 語尾 ㄹ 생각입니다

「生きるつもりです」「暮らすつもりです」「過ごすつもりです」という文にすると **살 생각입니다**で「買うつもりです」と同文になる。**살을 생각입니다**は間違い。

34

～아 / 어도 됩니다,
～아 / 어도 됩니까？ 1

～してもいいです、～してもいいですか？

🔊 034

1　食べてもいいですか？

2　食べてもいいです。

3　連絡してもいいですか？

4　連絡してもいいです。

5　信じてもいいですか？

6　座ってもいいですか？

7　開けてもいいですか？

8　閉めてもいいですか？

──＼補足メモ／──

※3 연락해도　実際の発音は [열라캐도]

🄲 文法をおさえよう

✳ 다の前の文字(語幹の最後)に「ㅗ」か「ㅏ」あり

用言の語幹 + **아도 됩니다 / 됩니까?** 6 8

✳ 다の前の文字(語幹の最後)に「ㅗ」か「ㅏ」なし

用言の語幹 + **어도 됩니다 / 됩니까?** 1 2 5 7

例外> **하다**(する・やる) → **해도 됩니다 / 해도 됩니까?** 3 4

---

1 **먹어도 됩니까 ?**
モゴド　トェムニッカ？

基本形 먹다⇒ 語幹 **먹**+ 語尾 **어도 됩니까 ?**

2 **먹어도 됩니다 .**
モゴド　トェムニダ

基本形 먹다⇒ 語幹 **먹**+ 語尾 **어도 됩니다**

3 **연락해도 됩니까 ?**
ヨルラ(ク)ケド　トェムニッカ？

基本形 연락하다 ⇒ 語幹 **연락하**+ 語尾 **여도 됩니까 ?**

4 **연락해도 됩니다 .**
ヨルラ(ク)ケド　トェムニダ

基本形 연락하다⇒ 語幹 **연락하**+ 語尾 **여도 됩니다**

5 **믿어도 됩니까 ?**
ミドド　トェムニッカ？

基本形 믿다⇒ 語幹 **믿**+ 語尾 **어도 됩니까 ?**

6 **앉아도 됩니까 ?**
アンジャド　トェムニッカ？

基本形 앉다⇒ 語幹 **앉**+ 語尾 **아도 됩니까 ?**

7 **열어도 됩니까 ?**
ヨロド　トェムニッカ？

基本形 열다⇒ 語幹 **열**+ 語尾 **어도 됩니까 ?**

8 **닫아도 됩니까 ?**
タダド　トェムニッカ？

基本形 닫다⇒ 語幹 **닫**+ 語尾 **아도 됩니까 ?**

※1〜8 **도**と**됩니다**の間を少しあけて言う場合の**됩니다**は「トェムニダ」と発音、間をあけずにつなげる感じで言う場合は「〜ドェムニダ」と読む。紛らわしい場合は「トェムニダ」をお勧めする。〜 **도 됩니까?** の場合も同じ感覚。

35 ～지 않습니다, ～지 않습니까? 1

～しないです（～しません）、
～しないのですか？（～しませんか？）

🔊 035

1　口出し**しないのですか？**

2　期待**していません。**

3　暗**くありませんか？**

4　明る**くありません。**

5　読ま**ないです。**

6　大き**くありません。**

7　広**くありません。**

8　参加**しないですか？**

——\ 補足メモ /——

※ 4 5 語幹が「ㄹ」で終わる用言の場合、次にくる文字が「ㄷ, ㅈ, ㅅ」の
場合 [ㄱ] で発音、「ㄱ」の場合「ㄹ」と「ㄱ」をともに発音する。

※ 4 明るい **밝다 [박따]、밝지 [박찌]、밝고 [발꼬]、밝습니다 [박씀니다]**

◎ 文法をおさえよう

用言の語幹 + 지 않습니다 / 지 않습니까?

❋ 다の前の文字(語幹の最後)に「パッチム」有無は関係なし

① 참견하**지 않습니까?**
チャムギョナジ アンスムニッカ?

基本形 참견하다⇒ 語幹 **참견하**+ 語尾 **지 않습니까?**

② 기대하**지 않습니다.**
キデハジ アンスムニダ

基本形 기대하다⇒ 語幹 **기대하**+ 語尾 **지 않습니다**

③ 어둡**지 않습니까?**
オドゥプチ アンスムニッカ?

基本形 어둡다⇒ 語幹 **어둡**+ 語尾 **지 않습니까?**

④ 밝**지 않습니다.**
パクチ アンスムニダ

基本形 밝다⇒ 語幹 **밝**+ 語尾 **지 않습니다**

⑤ 읽**지 않습니다.**
イクチ アンスムニダ

基本形 읽다⇒ 語幹 **읽**+ 語尾 **지 않습니다**

⑥ 크**지 않습니다.**
クジ アンスムニダ

基本形 크다⇒ 語幹 **크**+ 語尾 **지 않습니다**

⑦ 넓**지 않습니다.**
ノルチ アンスムニダ

基本形 넓다⇒ 語幹 **넓**+ 語尾 **지 않습니다**

⑧ 참가하**지 않습니까?**
チャムガハジ アンスムニッカ?

基本形 참가하다⇒ 語幹 **참가하**+ 語尾 **지 않습니까?**

⑤ 読む읽다 [익따]、읽지 [익찌]、읽고 [일꼬]、읽습니다 [익씀니다]
⑦ 広い넓다 [널따]、넓지 [널찌]

同じハングルなのに意味が違う？

　韓国は漢字を使う国ですが、近年表記としてはハングルを中心に使っているので、漢字は中学校・高校で週 1,2 時間程度しか勉強しません。

　1988 年まではすべての新聞で漢字を見かけることができましたが、1988 年ハンギョレ新聞が初めて 100％ ハングルだけを使う新聞を創刊したのがきっかけだと思います。

　元々漢字で表記されるはずだった重要なキーワードがハングルになることから戸惑う場合も少なくありませんでした。例えば、배【ペ】という単語は、「お腹」「船」「梨」の３つの意味があります。３つとも頻繁に使われています。これは困りますよね？　しかし、漢字がなくなってハングルだけで意味がわかりにくくなっても、文章の流れで理解できるようになったのです。

　例えば、**배를 먹었어요**.の「ペを食べました。」のペは何でしょうか？

　「船を食べました」「お腹を食べました」はありえません。「梨を食べました」というのがわかります。やはり慣れることは重要ですね。今は全新聞が 100％ ハングルだけを使っているといっても過言ではありません。

　韓国語は、漢字を使っていても皆さんが勉強しやすい言語になりますが、現在はハングルの子音母音 24 個だけしっかり覚えていれば、新聞でも小説でも読むことができます。平均的に、約 10 時間あれば、大体の生徒さんがハングルを全部読めるようになりますが、早い生徒さんは 2 〜 4 時間で全部読める場合もあります。しかし、外国人が日本語の新聞を全部読めるようになるためには 10 時間だけでは絶対無理だと思います。ということは、皆さんが韓国語を勉強すると、日本の漢字語も使えるし、ドラマに出てくる俳優さんの名前や看板を読むこともできるし、食堂も気楽に入れる！　日本人にとって最高の外国語かもしれません。＾＾

Part **3**

韓国語の基本文法と
実用性の高い文法も
使えるようになろう

36

~가 (パッチムなし) / ~이 (パッチムあり)
~が

🔊 036

① わたし**が**

② わたくし**が**

③ お母さん**が**

④ お父さん**が**

⑤ 先生**が**

⑥ 私の家**が**

⑦ お母様**が**

⑧ お父様**が**

――\補足メモ/――――

※ ① 내가「わたしが」、나「わたし」+ 가「が」→나가ではないので注意！
※ ② 제가「わたくしが」、저「わたくし」+ 가「が」→저가ではないので注意！

🔵 文法をおさえよう

✱ 直前の文字にパッチムなし

| ～가 | ① ② ③ ④ |

例>버스 + 가　バスが

✱ 直前の文字にパッチムあり

| ～이 | ⑤ ⑥ ⑦ ⑧ |

例>삼겹살 + 이　サムギョプサルが

---

① 내**가**
ネガ

② 제**가**
チェガ

③ 어머니**가**
オモニガ

④ 아버지**가**
アボジガ

⑤ 선생님**이**
ソンセンニミ

⑥ 우리집**이**
ウリジビ

⑦ 어머님**이**
オモニミ

⑧ 아버님**이**
アボニミ

※⑤ 선생님の 님「～様」を取ると失礼に聞こえるので注意。場合によって、地位がかなり高い人や年配の方が님「～様」を取って白선생「先生」、金선생「先生」のように使う場合がある。
※⑥「私の家」は우리집「私たちの家」と表現するのが一般的。

37

~는 (パッチムなし) / ~은 (パッチムあり)
~は

🔊 037

① わたし**は**

② わたくし**は**

③ 友達**は**

④ 漢方薬**は**

⑤ 韓国語**は**

⑥ 携帯電話**は**

⑦ 旦那**は**

⑧ 韓国**は**

＼補足メモ／

※① 나「わたし」

※② 저「わたくし」は나「わたし」の謙譲語なので、礼儀を守らないといけない相手には必ず저「わたくし」を使うこと。

※⑦ 礼儀を守らないといけない相手の旦那さんには분「方」をつけて남편분、奥さんにも아내분、

110

◎ 文法をおさえよう

✴ 直前の文字にパッチムなし

~는	① ② ③ ⑤ 例>버스 + 는 バスは

✴ 直前の文字にパッチムあり

~은	④ ⑥ ⑦ ⑧ 例>삼겹살 + 은 サムギョプサルは

① 나는
ナヌン

② 저는
チョヌン

③ 친구는
チングヌン

④ 한약은
ハニャグン

⑤ 한국어는
ハングゴヌン

⑥ 핸드폰은
ヘンドゥポヌン

⑦ 남편은
ナムピョヌン

⑧ 한국은
ハンググン

と言うのがおすすめ。

※⑥ 핸드 「hand」＋폰 「phone」→핸드폰 「ハンドフォン」「携帯電話」、휴대 「携帯」＋폰 「phone」
→휴대폰 「携帯電話」→핸드폰、휴대폰両方ともチェック！

38

~를 (パッチムなし) / ~을 (パッチムあり)

~を

🔊 038

1　日本語**を**

2　英語**を**

3　勉強**を**

4　外国語**を**

5　旅行**を**

6　息子**を**

7　娘**を**

8　散歩**を**

— 補足メモ —

※4 외を［オイ］と読まないように！

※8 日本語と同じ**산보**「散歩」という表現も使いますが、同じ意味である**산책**「散策」という表現がもっと一般的に使われる。

🍎 文法をおさえよう

✳ 直前の文字にパッチムなし

~를	① ② ③ ④ 例>버스 + 를 バスを

✳ 直前の文字にパッチムあり

~을	⑤ ⑥ ⑦ ⑧ 例>삼겹살 + 을 サムギョプサルを

① 일본어를
イルボノルル

② 영어를
ヨンオルル

③ 공부를
コンブルル

④ 외국어를
ウェグゴルル

⑤ 여행을
ヨヘンウル

⑥ 아들을
アドゥルル

⑦ 딸을
ッタルル

⑧ 산책을
サンチェグル

39 疑問詞

039

1 **どうやって**開けますか？

2 **何**個ですか？

3 **いくら**ですか？

4 **何**曜日ですか？

5 **なぜ**泣くのですか？

6 あの人は**誰**ですか？

7 これは**何**ですか？

8 中華料理屋さんは**どこ**ですか？

―― 補足メモ ――

※4 무슨 요일【무슨뇨일】

※7 会話では이게「これが（は）」、文章では 이것이「これが（は）」がよく使われる。
무엇이에요？ ＝ 뭐예요？ 무엇の最後の文字を力を抜いて発音すると무어になる。무어を縮約する
ると뭐になる。日常会話では뭐예요？がよく使われる。

114

⊙ 文法をおさえよう

何	무엇	いつ	언제
どこ	어디	だれ	누구
なぜ(なんで、どうして)	왜	どうやって	어떻게
いくつの	몇	いくら	얼마

① **어떻게** 열어요?
オットッケ ヨロヨ?

② **몇** 개예요?
ミョッ ケエヨ?

③ **얼마**예요?
オルマエヨ?

④ **무슨** 요일이에요?
ムスン ニョイリエヨ?

⑤ **왜** 울어요?
ウェ ウロヨ?

⑥ 저 사람은 **누구**예요?
チョ サラムン ヌグエヨ?

⑦ 이게 **뭐**예요?
イゲ ムォエヨ?

⑧ 중국집이 **어디**예요?
チュングクチビ オディエヨ?

※⑧ **중화요리**「中華料理」屋さんのことを日常会話では**중국**「中国」+ **집**「家」と言う。
집は普段「家」を意味するのだが、「お店」という意味として使われるケースも少なくない。

40

~ (으) 러
~しに

🔊 040

1. 診察を受け**に**行くつもりです。

2. 運動し**に**行くつもりです。

3. サッカーを見**に**行くつもりです。

4. サムゲタンを食べ**に**行くつもりです。

5. 大学の友達に会い**に**行くつもりです。

6. 韓国語を学び**に**行くつもりです。

7. 食事をし**に**行くつもりです。

8. 占いをし**に**行くつもりです。

───\ 補足メモ /───────────────────────

※ 5 「~に会う」は韓国語で를 / 을 만나다「~を会う」と表現するので、注意！
※ 8 「占いをする、占ってもらう」→📕 점을 보다「占いを見る」と表現する
   ので、注意！

🔵 文法をおさえよう

✳ 다の前の文字(語幹の最後)に「パッチム」なし

用言の語幹 + **러**	② ③ ⑤ ⑥ ⑦ ⑧

✳ 다の前の文字(語幹の最後)に「パッチム」あり

用言の語幹 + **으러**	① ④

例外> ㄹパッチム 用言の語幹+**러**

---

① 진찰을 받**으러** 갈 생각이에요 .
チンチャルル パドゥロ カル センガギエヨ

② 운동하**러** 갈 생각이에요 .
ウンドンハロ カル センガギエヨ

③ 축구를 보**러** 갈 생각이에요 .
チュックルル ポロ カル センガギエヨ

④ 삼계탕을 먹**으러** 갈 생각이에요 .
サムゲタンウル モグロ カル センガギエヨ

⑤ 대학교 친구를 만나**러** 갈 생각이에요 .
テハッキョ チングルル マンナロ カル センガギエヨ

⑥ 한국어를 배우**러** 갈 생각이에요 .
ハングゴルル ペウロ カル センガギエヨ

⑦ 식사하**러** 갈 생각이에요 .
シクサハロ カル センガギエヨ

⑧ 점을 보**러** 갈 생각이에요 .
チョムル ポロ カル センガギエヨ

日本ではたくさんの韓国語が使われている⁉

　実は日本ではたくさんの韓国語が使われています。韓国語の勉強もしていないのに、皆さんの知っている韓国語がたくさんあります。

　まず、食べ物に関する表現です。韓国食堂に行ったら、自然にたくさんの韓国語に触れることができますが、焼肉屋さんに行くだけでも韓国語力が UP すると思います。

　情熱白先生 (白【ペク】姫恩【ヒウン】が著者の名前になりますが、朴【パク】さんと混乱する方がいらっしゃることからニックネームもつけています。＾＾) が初めて日本の焼肉屋さんに行ったときはびっくりしました。メニューに韓国語がたくさん書かれていたからです。普通の日本の焼肉屋さんなので、ハングルではなくカタカナ表記で韓国語の発音をそのままメニューに載せていました。

　コチュジャン、ヤンニョム、ピビンパ、チャンジャ、ユッケ、クッパ（お店によって、表記に少し差はありました）。ユッケの場合、韓国語で육회直訳したら육が「肉」, 회が「刺身」です。刺身の肉バージョンですね。発音は【ユクフェ】が激音化して【ユッケ】になります。クッパの場合、韓国語で국밥直訳したら국が「スープ」, 밥が「ごはん」を意味します。メニューに국の文字が入っているだけで「スープ」が入っている料理というのがわかります。

　最近はスーパーや韓国食堂でも韓国語をそのまま使うことが増えてきています。トック、スンドゥブ、チゲ、サムゲタン(参鶏湯)、サムギョプサル、チーズタッカルビ、ホットック、カルビなど。

　このような表現を普通に日本で使っているので、韓国に行っても覚えているはずですから、一人で韓国旅行に行っても心配なし！ですね。＾＾

Part**4**

ヨ体でバリエーションを増やし、
会話が出来るようになろう

41

●하다（する、やる）の親しみのある丁寧な表現　해요②

~ 해요 , 해요 ? レベルアップ! 2
~します、しますか？

🔊 041

1 お母さんを愛**しています。**

2 本当に約束**します。**

3 そんなに簡単**ですか？**

4 一生懸命に働**きます。**

5 毎日勉強**しますか？**（勉強していますか？）

6 運動場で運動**します。**（運動しています。）

7 どうやって連絡**しますか？**

8 何を考え**ていますか？**

＼補足メモ／

※3 **이렇게**「こんなに」、**저렇게**「あんなに」

※4 **열심히**の最初の文字**열**を 1 秒間伸ばした方がより自然な発音に聞こえる。

※8 **무슨**「どんな」「なんの」という意味で訳されるケースも多い。

120

ⓔ 文法をおさえよう

※基本形하다（する、やる）の親しみのある丁寧な表現は해요
※「〜しています」「〜していますか？」「〜しましょう」という意味で使われるケースも多い。

---

① 어머니를 사랑**해요**.

オモニルル　サランヘヨ

基本形 사랑하다⇒ 語幹 **사랑하**+ 語尾 **여요**

② 정말 약속**해요**.

チョンマル　ヤクソ(ク)ケヨ

基本形 약속하다⇒ 語幹 **약속하**+ 語尾 **여요**

③ 그렇게 간단**해요**?

クロッケ　カンタネヨ？

基本形 간단하다⇒ 語幹 **간단하**+ 語尾 **여요**?

④ 열심히 일**해요**.

ヨルシミ　イレヨ

基本形 일하다⇒ 語幹 **일하**+ 語尾 **여요**

⑤ 매일 공부**해요**?

メイル　コンブヘヨ？

基本形 공부하다⇒ 語幹 **공부하**+ 語尾 **여요**?

⑥ 운동장에서 운동**해요**.

ウンドンジャンエソ　ウンドンヘヨ

基本形 운동하다⇒ 語幹 **운동하**+ 語尾 **여요**

⑦ 어떻게 연락**해요**?

オットッケ　ヨルラ(ク)ケヨ？

基本形 연락하다⇒ 語幹 **연락하**+ 語尾 **여요**?

⑧ 무슨 생각**해요**?

ムスン　センガ(ク)ケヨ？

基本形 생각하다⇒ 語幹 **생각하**+ 語尾 **여요**?

42

●ヨ体の基本②

～요 , ～요 ? レベルアップ! 2

～です（ます）、～ですか（ますか？）

🔊 042

1　キムチチゲが好き**です**。

2　靴が**多いですか？**（靴をたくさん持っていますか？）

3　カバンがあ**ります**。

4　背が低**いです**。

5　サムギョプサルは美味し**いですか？**

6　漢方薬はまず**いです**。

7　ホラー映画は嫌**いです**。

8　お金があ**りません**。

＼補足メモ／

※1 찌개 [チゲ] は「なべ」なので、「チゲなべ」と言わないように！

※1 「～好きです」の2つの表現① ～가 / 이 좋아요 ② ～를 / 을 좋아해요

※2 구두は「靴」、신발は靴を含めた「履き物」全般。

◎ 文法をおさえよう

✳ 다の前の文字(語幹の最後)に「ㅗ」か「ㅏ」あり

用言の語幹+**아요**	① ② ④

✳ 다の前の文字(語幹の最後)に「ㅗ」か「ㅏ」なし

用言の語幹+**어요**	③ ⑤ ⑥ ⑦ ⑧

---

① 김치찌개가 좋**아요**.
キムチチゲガ　チョアヨ

基本形 좋다⇒ 語幹 **좋**+ 語尾 **아요**

② 구두가 많**아요**?
クドゥガ　マナヨ?

基本形 많다⇒ 語幹 **많**+ 語尾 **아요**?

③ 가방이 있**어요**.
カバンイ　イッソヨ

基本形 있다⇒ 語幹 **있**+ 語尾 **어요**

④ 키가 작**아요**.
キガ　チャガヨ

基本形 작다⇒ 語幹 **작**+ 語尾 **아요**

⑤ 삼겹살이 맛있**어요**?
サムギョプサリ　マシッソヨ?

基本形 맛있다⇒ 語幹 **맛있**+ 語尾 **어요**?

⑥ 한약은 맛없**어요**.
ハニャグン　マドプソヨ

基本形 맛없다⇒ 語幹 **맛없**+ 語尾 **어요**

⑦ 공포 영화는 싫**어요**.
コンポ　ヨンファヌン　シロヨ

基本形 싫다⇒ 語幹 **싫**+ 語尾 **어요**

⑧ 돈이 없**어요**.
トニ　オプソヨ

基本形 없다⇒ 語幹 **없**+ 語尾 **어요**

※④ 韓国語では背が「低い」ではなく「小さい」と表現する。「背が高い」は韓国語で키가 크다「背が大きい」
と表現する。　※⑥ 맛없어요 [마덥써요]　※⑦ 공포「恐怖」、영화「映画」

43

●勧誘 ～아 / 어요

~ 아 / 어요

しましょう

🔊 043

1　一緒に食べ**ましょう**。

2　朝に一緒に勉強**しましょう**。

3　コンサートに一緒に行き**ましょう**。

4　ここで少しだけ休み**ましょう**。

5　また会い**ましょう**。

6　ちょっと後で会い**ましょう**。

7　この映画を一緒に見**ましょう**。

8　私達、友達にな**りましょう**。

――― ＼補足メモ／ ―――

※4 여기「ここ」＋ 에서「で」→여기에서 , 여기서

※5 **또 만나요 .** は別れるときにもっともよく使われる挨拶。「さようなら」と
　　訳されるケースも多い。

🕙 文法をおさえよう

※基本形하다(する、やる)の親しみのある丁寧な表現は해요

※一般的には「〜します」「〜しますか？」という意味でよく使われるが、「〜しましょう」という意味として使われるケースも少なくない。

※同じ～아/어요、해요でも「〜しましょう」という意味で使われる時の語尾のトーンには差があるので、音声をよく聴いて発音するのをおすすめします。

---

① 같이 먹**어요**.
カチ モゴヨ

基本形 먹다⇒ 語幹 **먹**+ 語尾 **어요**

② 아침에 같이 공부**해요**.
アッチメ カチ コンブヘヨ

基本形 공부하다⇒ 語幹 **공부하**+ 語尾 **여요**

③ 콘서트에 같이 **가요**.
コンソトゥエ カチ カヨ

基本形 가다⇒ 語幹 **가**+ 語尾 **아요**

④ 여기서 조금만 쉬**어요**.
ヨギソ チョグムマン シュィオヨ

基本形 쉬다⇒ 語幹 **쉬**+ 語尾 **어요**

⑤ 또 만**나요**.
ット マンナヨ

基本形 만나다⇒ 語幹 **만나**+ 語尾 **아요**

⑥ 조금 이따가 만**나요**.
チョグミッタガ マンナヨ

基本形 만나다⇒ 語幹 **만나**+ 語尾 **아요**

⑦ 이 영화를 같이 **봐요**.
イ ヨンファルル カチ ボァヨ

基本形 보다⇒ 語幹 **보**+ 語尾 **아요**

⑧ 우리 친구**해요**.
ウリ チングヘヨ

基本形 하다⇒ 語幹 **하**+ 語尾 **여요**

※⑧「友達になりましょう」ではなく**친구해요**「友達、しましょう」という表現が自然で一般的。

44

~요 , ~요? (ヨ体の縮約) 2
レベルアップ!

~です（します）、~ですか？（しますか？）

🔊 044

① どこ（に）行き**ますか？**

② ここちょっと見**て下さい。**

③ 部長を待**っていますか？**

④ デパートでスーツを買い**ます。**

⑤ 冬に雪がたくさん降り**ますか？**

⑥ 雨ばかりずっと降り**ます。**（雨が降り続きます。）

⑦ セール期間には安い**ですか？**

⑧ フライドポテトがしょっぱい**です。**

\補足メモ/

※② 「見て下さい」の丁寧度：봐요＜봐 주세요（お願いのニュアンスが強い）

※④ 백화점「デパート（直訳：百貨店）」

※④ 정장「正装」、양복「洋服」は一般的に男性のスーツだけを意味する。最近は、슈트 (suit) という表現を使う人も増えつつある。

ⓒ 文法をおさえよう

타다(乗る)	**타 + 아요 → 타요** ① ④ ⑦ ⑧
서다(立つ)	**서 + 어요 → 서요**
오다(来る)	**오+아요 →와요** ②
마시다(飲む)	**마시+어→마셔요** ③ ⑤ ⑥

① 어디 **가요**?
オディ　カヨ?

　　　　　基本形 가다⇒ 語幹 **가**+ 語尾 **아요**?

② 여기 좀 **봐요**.
ヨギ　ジョム　ボァヨ

　　　　　基本形 보다⇒ 語幹 **보**+ 語尾 **아요**

③ 부장님을 **기다려요**?
ブジャンニムル　キダリョヨ?

　　　　　基本形 기다리다⇒ 語幹 **기다리**+ 語尾 **어요**?

④ 백화점에서 정장을 **사요**.
ペ(ク)クァジョメソ　チョンジャンウル　サヨ

　　　　　基本形 사다⇒ 語幹 **사**+ 語尾 **아요**

⑤ 겨울에 눈이 많이 **내려요**?
キョウレ　ヌニ　マニ　ネリョヨ?

　　　　　基本形 내리다⇒ 語幹 **내리**+ 語尾 **어요**?

⑥ 비만 계속 **내려요**.
ピマン　ケソン　ネリョヨ

　　　　　基本形 내리다⇒ 語幹 **내리**+ 語尾 **어요**

⑦ 세일기간에는 **싸요**?
セイルキガネヌン　ッサヨ?

　　　　　基本形 싸다⇒ 語幹 **싸**+ 語尾 **아요**?

⑧ 후렌치후라이가 **짜요**.
フレンチフライガ　ッチャヨ

　　　　　基本形 짜다⇒ 語幹 **짜**+ 語尾 **아요**

※⑥ **계속**直訳「継続」→「ずっと」
※⑥ **내리다**「(雨、雪などが) 降る」。내리다以外に**오다**「来る」という表現もよく使われる。
※⑦ **세일** (sale)

45

～아 / 어 주세요 ²
レベルアップ！

～してください

🔊 045

[1] 永遠に愛し**てください**。

[2] 日本語で言っ**てください**。

[3] 少しだけまけ**てください**。

[4] ここに座っ**てください**。

[5] プレゼントを受け取っ**て**（もらって）**ください**。

[6] 私を信じ**てください**。

[7] 本を読ん**でください**。

[8] 韓国料理を作っ**てください**。

＼補足メモ／

※① 🔵 하다（する、やる）のヨ体は「하 + 여요」→「해요」 해 주세요「してください」
※② ~ (으) 로「～（手段、方法）で」
※③ ~ 만「～だけ」
※①～⑧ ~주세요は 前の表現と少し間をあけて言う場合は「チュセヨ」、間をあけずにつな

(128)

❷ 文法をおさえよう

✱ 다の前の文字(語幹の最後)に「ㅗ」か「ㅏ」あり

用言の語幹 + **아 주세요** ③ ④ ⑤

✱ 다の前の文字(語幹の最後)に「ㅗ」か「ㅏ」なし

用言の語幹 + **어 주세요** ⑥ ⑦ ⑧

例外＞**하다**(やる、する) → **해 주세요** ① ②

---

① 영원히 사랑**해 주세요** .
ヨンウォニ サランヘ ジュセヨ

基本形 사랑하다⇒ 語幹 **사랑하**+ 語尾 **여 주세요**

② 일본어로 말**해 주세요** .
イルボノロ マレ ジュセヨ

基本形 말하다⇒ 語幹 **말하**+ 語尾 **여 주세요**

③ 조금만 깎**아 주세요** .
チョグムマン ッカッカ ジュセヨ

基本形 깎다⇒ 語幹 **깎**+ 語尾 **아 주세요**

④ 여기에 앉**아 주세요** .
ヨギエ アンジャ ジュセヨ

基本形 앉다⇒ 語幹 **앉**+ 語尾 **아 주세요**

⑤ 선물을 받**아 주세요** .
ソンムルル パダ ジュセヨ

基本形 받다⇒ 語幹 **받**+ 語尾 **아 주세요**

⑥ 저를 믿**어 주세요** .
チョルル ミド ジュセヨ

基本形 믿다⇒ 語幹 **믿**+ 語尾 **어 주세요**

⑦ 책을 읽**어 주세요** .
チェグル イルゴ ジュセヨ

基本形 읽다⇒ 語幹 **읽**+ 語尾 **어 주세요**

⑧ 한국 요리를 만들**어 주세요** .
ハングン ニョリルル マンドゥロ ジュセヨ

基本形 만들다⇒ 語幹 **만들**+ 語尾 **어 주세요**

げる感じで言う場合は「～ジュセヨ」に聞こえる。音声のフレーズをよく聞きとって参考にして下さい！
※⑧ 한국요리 [한궁뇨리] 한국 요리「韓国料理」を한식「韓食」とも言う。

46

●基本語尾：~ 아 / 어도 되다　ヨ体②

~ 아 / 어도 돼요 ,
~ 아 / 어도 돼요 ? 2

レベルアップ！

~してもいいです、 ~してもいいですか？

🔊 046

1　全部食べてもいいですか？

2　全部食べてもいいです。

3　これから連絡してもいいですか？

4　はい、連絡してもいいです。

5　この事実を信じてもいいですか？

6　少しは信じてもいいです。

7　ここに座ってもいいですか？

8　タバコを吸ってもいいです。

補足メモ

※🔵 되다「～になる」、ヨ体は되 + 어요→돼요となる。「できます」「いいです」「大丈夫です」
　という意味として使われる。

※1 2 전부「全部」、다「全て」→強調する時には両方を並べ전부 다もよく使われる。

(130)　※8 🔵 피우다「(タバコを) 吸う」

🟢 文法をおさえよう

✱ 다の前の文字(語幹の最後)に「ㅗ」か「ㅏ」あり

用言の語幹 + **아도 돼요**	7

✱ 다の前の文字(語幹の最後)に「ㅗ」か「ㅏ」なし

用言の語幹 + **어도 돼요**	1 2 5 6 8

例外＞**하다**(やる・する) → **해도 돼요**(?) 3 4

---

1 전부 다 먹**어도 돼요**？
   チョンブ ター モゴド トェヨ？

   基本形 먹다⇒ 語幹 **먹**+ 語尾 **어도 돼요**？

2 전부 다 먹**어도 돼요**．
   チョンブ ター モゴド トェヨ

   基本形 먹다⇒ 語幹 **먹**+ 語尾 **어도 돼요**

3 앞으로 연락**해도 돼요**？
   アプロ ヨルラ(ク)ケド トェヨ？

   基本形 연락하다⇒ 語幹 **연락하**+ 語尾 **여도 돼요**？

4 네, 연락**해도 돼요**．
   ネー、ヨルラ(ク)ケド トェヨ

   基本形 연락하다⇒ 語幹 **연락하**+ 語尾 **여도 돼요**

5 이 사실을 믿**어도 돼요**？
   イ サシルル ミドド トェヨ？

   基本形 믿다⇒ 語幹 **믿**+ 語尾 **어도 돼요**？

6 조금은 믿**어도 돼요**．
   チョグムン ミドド トェヨ

   基本形 믿다⇒ 語幹 **믿**+ 語尾 **어도 돼요**

7 여기에 앉**아도 돼요**？
   ヨギエ アンジャド トェヨ？

   基本形 앉다⇒ 語幹 **앉**+ 語尾 **아도 돼요**？

8 담배를 피워**도 돼요**．
   タンベルル ピウォド トェヨ

   基本形 피우다⇒ 語幹 **피우**+ 語尾 **어도 돼요**

※ 1～8 **도**と**돼요**の間を、少しあけて言う場合の**돼요**は「トェヨ」、間をあけずにつなげる感じで言う場合は「～ドェヨ」と読む。「トェヨ」と「～ドェヨ」は主観的な感覚なので、紛らわしい場合は「トェヨ」をお勧めする。

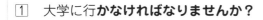

47

●基本語尾：～아 / 어야 되다

～아 / 어야 돼요，
～아 / 어야 돼요？

～しなければなりません、～しなければなりませんか？

🔊 047

1 大学に行**かなければなりませんか？**

2 成績が良**くなければなりません。**

3 特にチゲは美味し**くなければなりません。**

4 韓国語を勉強**しなければなりません。**

5 食べ物を全部食べ**なければなりませんか？**

6 一生懸命に努力**しなければなりません。**

7 電話をかけ**なければなりませんか？**

8 電話を切**らなければなりません。**

\ 補足メモ /

※1「大学に行く」という意味以外に、「大学に進学する」意味としても使われる。
日本で一般的に使われる「大学（4年制）」は**대학교**という。韓国では一般的に**대학교**は「4年制」の大学、**대학**は「2年制の専門大学」。

※3 **찌개** チゲが「なべ」なので、チゲなべと言わないように注意。

🔵 文法をおさえよう

✱ 다の前の文字(語幹の最後)に「ㅗ」か「ㅏ」あり

用言の語幹 + **아야 돼요** ① ②

✱ 다の前の文字(語幹の最後)に「ㅗ」か「ㅏ」なし

用言の語幹 + **어야 돼요** ③ ⑤ ⑦ ⑧

例外 > **하다 → 해야 돼요(?)** ④ ⑥

~ 아/어야 되다以外に ~ 아/어야 하다という形もある。意味はほとんど変わらない。

---

① 대학교에 **가야 돼요**?
テハッキョエ カヤ ドェヨ?

基本形 가다⇒ 語幹 **가** + 語尾 **아야 돼요**?

② 성적이 좋**아야 돼요**.
ソンジョギ チョアヤ ドェヨ

基本形 좋다⇒ 語幹 **좋** + 語尾 **아야 돼요**

③ 특히 찌개는 맛있**어야 돼요**.
トゥキ ッチゲヌン マシッソヤ ドェヨ

基本形 맛있다⇒ 語幹 **맛있** + 語尾 **어야 돼요**

④ 한국어를 공부**해야 돼요**.
ハングゴルル コンブヘヤ ドェヨ

基本形 공부하다⇒ 語幹 **공부하** + 語尾 **여야 돼요**

⑤ 음식을 다 먹**어야 돼요**?
ウムシグル ター モゴヤ ドェヨ?

基本形 먹다⇒ 語幹 **먹** + 語尾 **어야 돼요**?

⑥ 열심히 노력**해야 돼요**.
ヨルシミ ノリョ(ク)ケヤ ドェヨ

基本形 노력하다⇒ 語幹 **노력하** + 語尾 **여야 돼요**

⑦ 전화를 걸**어야 돼요**?
チョヌァルル コロヤ ドェヨ?

基本形 걸다⇒ 語幹 **걸** + 語尾 **어야 돼요**?

⑧ 전화를 끊**어야 돼요**.
チョヌァルル ックノヤ ドェヨ

基本形 끊다⇒ 語幹 **끊** + 語尾 **어야 돼요**

※⑤「全部」の直訳は**전부**だが、「全て」という意味の**다**を使うケースも多い。

※①~⑧ **야**と**돼요**の間を、少しあけて言う場合の**돼요**は「トェヨ」、間をあけずにつなげる感じで言う場合は「~ドェヨ」に聞こえる。音声のフレーズをよく聞きとって参考にして下さい！

48

●基本語尾：～아 / 어 보고 싶다　ヨ体②

～아 / 어 보고 싶어요, ～아 / 어 보고 싶어요? 2

レベルアップ！

～してみたいです、～してみたいですか？

🔊 048

1　チーズタッカルビを食べ**てみたいです**。

2　シンダンドン（新党洞）トッポッキタウンに行っ**てみたいです**。

3　ペク先生の本を読**んでみたいです**。

4　韓国のカンナム（江南）で一度住**んでみたいです**。

5　映画『パラサイト』のポンジュノ監督に会っ**てみたいです**。

6　ピアノを弾い**てみたいです**。

7　世界文化遺産を訪問し**てみたいです**。

8　真剣に考え**てみたいです**。

――\補足メモ/――――――――――

※2 シンダンドン（新党洞）トッポッキはトッポッキ露店のトッポッキと少し違って、お餅以外
　　にさまざまな具を入れた鍋料理のようなトッポッキ。

※3 「～の」の助詞は省略していう場合がよくある。**백선생님의 책을→백선생님 책을**

(134) ※4 カンナム（江南）は韓国のソウルにおける裕福な住民の住む地域。

🄴 文法をおさえよう

✳ 다の前の文字（語幹の最後）に「ㅗ」か「ㅏ」あり

| 用言の語幹 + 아 보고 싶어요 | ② ④ ⑤ |

✳ 다の前の文字（語幹の最後）に「ㅗ」か「ㅏ」なし

| 用言の語幹 + 어 보고 싶어요 | ① ③ ⑥ |

例外＞하다（やる、する）→ 해 보고 싶어요(?) ⑦ ⑧

---

① 치즈 닭갈비를 먹어 보고 싶어요.
チズ タッカルビルル モゴ ボゴ シポヨ
基本形 먹다⇒ 語幹 먹+ 語尾 어 보고 싶어요

② 신당동 떡볶이 타운에 가 보고 싶어요.
シンダンドン トッポッキ タウネ カ ボゴ シポヨ
基本形 가다⇒ 語幹 가+ 語尾 아 보고 싶어요

③ 백선생님 책을 읽어 보고 싶어요.
ペクソンセンニム チェグル イルゴ ボゴ シポヨ
基本形 읽다⇒ 語幹 읽+ 語尾 어 보고 싶어요

④ 한국의 강남에서 한 번 살아 보고 싶어요.
ハングゲ カンナメソ ハンボン サラ ボゴ シポヨ
基本形 살다⇒ 語幹 살+ 語尾 아 보고 싶어요

⑤ 영화 기생충의 봉준호 감독님을 만나 보고 싶어요.
ヨンファ キセンチュンエ ボンジュノ カムドンニムル マンナ ボゴ シポヨ
基本形 만나다⇒ 語幹 만나+ 語尾 아 보고 싶어요

⑥ 피아노를 쳐 보고 싶어요.
ピアノルル チョ ボゴ シポヨ
基本形 치다⇒ 語幹 치+ 語尾 어 보고 싶어요

⑦ 세계 문화 유산을 방문해 보고 싶어요.
セゲ ムヌァ ユサヌル パンムネボゴ シポヨ
基本形 방문하다⇒ 語幹 방문하+ 語尾 여 보고 싶어요

⑧ 진지하게 생각해 보고 싶어요.
チンジハゲ センガ(ク)ケ ボゴ シポヨ
基本形 생각하다⇒ 語幹 생각하+ 語尾 여 보고 싶어요

※⑤「人に会う」は韓国語では「人を会う」と表現するので「〜に」を使わないように！　기생충「直訳：寄生虫」
※⑦⑧　하 보고 싶어요（×）　해 보고 싶어요（○）

49

~고 싶어요 , ~고 싶어요 ? 2

レベルアップ！

~したいです、~したいですか？

🔊 049

☐1 どこで会いたいですか？

☐2 この映画を見たいです。

☐3 バナナ牛乳を飲みたいです。

☐4 歌詞を知りたいですか？

☐5 たくさん食べたいです。

☐6 鹿児島に行きたいですか？

☐7 手紙を書きたいです。

☐8 音楽を聴きたいです。

＼補足メモ／

※1 어디에서「どこで」が縮約された形の어디서もよく使う。

※2 보다は「見る」という意味だが、「会って見る」ことになるので「会いたい」という意味でもよく使われる。

● 文法をおさえよう

用言の語幹 + 고 싶어요 / 고 싶어요?

✳ 다の前の文字（語幹の最後）に「パッチム」有無は関係なし

① 어디에서 만나고 **싶어요?**
オディエソ　マンナゴ　シポヨ?

[基本形] 만나다⇒ [語幹] **만나**+ [語尾] **고 싶어요?**

② 이 영화를 보고 **싶어요.**
イ　ヨンファルル　ポゴ　シポヨ

[基本形] 보다⇒ [語幹] **보**+ [語尾] **고 싶어요**

③ 바나나 우유를 마시고 **싶어요.**
バナナ　ウユルル　マシゴ　シポヨ

[基本形] 마시다⇒ [語幹] **마시**+ [語尾] **고 싶어요**

④ 가사를 알고 **싶어요?**
カサルル　アルゴ　シポヨ?

[基本形] 알다⇒ [語幹] **알**+ [語尾] **고 싶어요?**

⑤ 많이 먹고 **싶어요.**
マニ　モッコ　シポヨ

[基本形] 먹다⇒ [語幹] **먹**+ [語尾] **고 싶어요**

⑥ 가고시마에 가고 **싶어요?**
カゴシマエ　カゴ　シポヨ?

[基本形] 가다⇒ [語幹] **가**+ [語尾] **고 싶어요?**

⑦ 편지를 쓰고 **싶어요.**
ピョンジルル　ッスゴ　シポヨ

[基本形] 쓰다⇒ [語幹] **쓰**+ [語尾] **고 싶어요**

⑧ 음악을 듣고 **싶어요.**
ウマグル　トゥッコ　シポヨ

[基本形] 듣다⇒ [語幹] **듣**+ [語尾] **고 싶어요**

50

レベルアップ！
～고 있어요, ～고 있어요?　2
～しています、～していますか？

🔊 050

① ドラマを見**ています**。

② 会社で働い**ています**。

③ だれを応援**していますか？**

④ スマートフォンを使っ**ています**。

⑤ プレゼントを選**んでいます**。

⑥ ラーメンを食べ**ています**。

⑦ 今、行っ**ていますか？**（今、出かけるところですか？）

⑧ 音楽を聴い**ています**。

＼補足メモ／

※⑤ 🔵 고르다 「選ぶ」≒선택하다 「選択する」　🔵 선택하다 「選択する」
は고르다 「選ぶ」の類似表現。

※⑤ 토산물 「おみやげ」という単語もあるが、선물 「プレゼント」という単

◎ 文法をおさえよう

用言の語幹 + 고 있어요/고 있어요?

✱ 다の前の文字（語幹の最後）に「パッチム」有無は関係なし

[1] 드라마를 보고 있어요 .

トゥラマルル ポゴ イッソヨ

基本形 보다⇒ 語幹 보+ 語尾 고 있어요

[2] 회사에서 일하고 있어요 .

フェサエソ イラゴ イッソヨ

基本形 일하다⇒ 語幹 일하+ 語尾 고 있어요

[3] 누구를 응원하고 있어요 ?

ヌグルル ウンウォナゴ イッソヨ?

基本形 응원하다⇒ 語幹 응원하+ 語尾 고 있어요 ?

[4] 스마트폰을 쓰고 있어요 .

スマトゥポヌル ッスゴ イッソヨ

基本形 쓰다⇒ 語幹 쓰+ 語尾 고 있어요

[5] 선물을 고르고 있어요 .

ソンムルル コルゴ イッソヨ

基本形 고르다⇒ 語幹 고르+ 語尾 고 있어요

[6] 라면을 먹고 있어요 .

ラミョヌル モッコ イッソヨ

基本形 먹다⇒ 語幹 먹+ 語尾 고 있어요

[7] 지금 가고 있어요 ?

チグム カゴ イッソヨ?

基本形 가다⇒ 語幹 가+ 語尾 고 있어요 ?

[8] 음악을 듣고 있어요 .

ウマグル トゥッコ イッソヨ

基本形 듣다⇒ 語幹 듣+ 語尾 고 있어요

語は「おみやげ」を含めて幅広く使われている。

※[6] 韓国でのラーメンは「インスタントラーメン」を意味する。

51

～지요？ 2
レベルアップ！

～ですよね？（～でしょう？）

🔊 051

1　日本のラーメンは美味し**いですよね？**

2　韓流スターはかっこい**いですよね？**

3　体は大丈夫**ですよね？**

4　永遠に愛して**ますよね？**

5　このアクセサリーはかわい**いですよね？**

6　韓国に行**きますよね？**

7　夕方に来**ますよね？**

8　ドラマを見**ますよね？**

＼補足メモ／

※～**지요** [ジヨ] を早く発音して ～**죠** [ジョ] で言うケースも多い。
※1「～の」は韓国語で省略されるケースも多い。
※2 **한류 [할류]**

❷ 文法をおさえよう

用言の語幹 + **지요?**

✳ 다の前の文字(語幹の最後)に「パッチム」有無は関係なし

---

① 일본 라면은 맛있**지요?**
イルボン ラミョヌン マシッチヨ?

基本形 맛있다 ⇒ 語幹 **맛있**+ 語尾 **지요?**

② 한류스타는 멋있**지요?**
ハルリュスタヌン モシッチヨ?

基本形 멋있다 ⇒ 語幹 **멋있**+ 語尾 **지요?**

③ 몸은 괜찮**지요?**
モムン クェンチャンチヨ?

基本形 괜찮다 ⇒ 語幹 **괜찮**+ 語尾 **지요?**

④ 영원히 사랑하**지요?**
ヨンウォニ サランハジヨ?

基本形 사랑하다 ⇒ 語幹 **사랑하**+ 語尾 **지요?**

⑤ 이 악세사리는 예쁘**지요?**
イ アクセサリヌン イェプジヨ?

基本形 예쁘다 ⇒ 語幹 **예쁘**+ 語尾 **지요?**

⑥ 한국에 가**지요?**
ハングゲ カジヨ?

基本形 가다 ⇒ 語幹 **가**+ 語尾 **지요?**

⑦ 저녁에 오**지요?**
チョニョゲ オジヨ?

基本形 오다 ⇒ 語幹 **오**+ 語尾 **지요?**

⑧ 드라마를 보**지요?**
トゥラマルル ボジヨ?

基本形 보다 ⇒ 語幹 **보**+ 語尾 **지요?**

※③ **괜찮지요**の **괜** [グェン]と強調して言わないように注意!
※⑤ 外来語表記法では**액세서리**が正しいが、一般的には **악세사리**の方がよく使われている。

52

～네요 2
レベルアップ！

～ですね

🔊 052

① 韓国のスンデが意外に美味し**いですね**。

② 韓国のタレントはかっこい**いですね**。

③ 子供たちが本当にかわい**いですね**。

④ 景色が本当に美し**いですね**。

⑤ 人が本当にい**いですね**。（いい人ですね。）

⑥ 品質が本当にい**いですね**。

⑦ 韓国のバラエティ放送が本当に面白**いですね**。

⑧ 思ったよりずっと楽し**いですね**。

＼補足メモ／

※① 순대（春雨などの入ったソーセージのような形をしている）豚の腸詰め
※② 韓国でのタレント（talent）は一般的にドラマに出る俳優のことを意味する。
※③ ④ ⑤ ⑥ ⑦ 참は「本当」を意味する。참「誠・本当・真実」⇔ 反対語は거짓「うそ」。

🔵 文法をおさえよう

用言の語幹 + 네요

✳ 다の前の文字(語幹の最後)に「パッチム」有無は関係なし

---

1 한국 순대가 의외로 맛있**네요**.
ハングク　スンデガ　ウィウェロ　マシンネヨ
基本形 맛있다⇒ 語幹 **맛있**+ 語尾 **네요**

2 한국 탤런트는 멋있**네요**.
ハングク　テルロントゥヌン　モシンネヨ
基本形 멋있다⇒ 語幹 **멋있**+ 語尾 **네요**

3 아이들이 참 예쁘**네요**.
アイドゥリ　チャム　イェップネヨ
基本形 예쁘다⇒ 語幹 **예쁘**+ 語尾 **네요**

4 경치가 참 아름답**네요**.
キョンチガ　チャム　アルムダムネヨ
基本形 아름답다⇒ 語幹 **아름답**+ 語尾 **네요**

5 사람이 참 괜찮**네요**.
サラミ　チャム　クェンチャンネヨ
基本形 괜찮다⇒ 語幹 **괜찮**+ 語尾 **네요**

6 품질이 참 좋**네요**.
プムジリ　チャム　チョンネヨ
基本形 좋다⇒ 語幹 **좋**+ 語尾 **네요**

7 한국 버라이어티 방송이 참 재미있**네요**.
ハングク　ボライオティ　パンソンイ　チャム　チェミインネヨ
基本形 재미있다⇒ 語幹 **재미있**+ 語尾 **네요**

8 생각보다 훨씬 즐겁**네요**.
センガクボダ　フォルシン　チュルゴムネヨ
基本形 즐겁다⇒ 語幹 **즐겁**+ 語尾 **네요**

정말「本当に」 진짜「本物・本当」⇔ 反対語は가짜「偽物」。
※⑧ ~보다「~より」 훨씬は何かを比べるときに「~よりずっと○○だ」という場面でよく使われる。

53

●基本語尾：～이다　ヨ体②

～예요 (?)/ 이에요 (?) 2
レベルアップ！

～です、～ですか？

🔊 053

① これは何**ですか？**

② それはコンピューター**です。**

③ あれはキムチ冷蔵庫**です。**

④ この方はだれ**ですか？**

⑤ あの方は先生**です。**

⑥ ここはどこ**ですか？**

⑦ そこはトイレ**ですか？**

⑧ あそこがカラオケ**です。**

補足メモ

※① ② ③ 日常会話では口語である**이건**「これは」、**그건**「それは」、**저건**「あれは」がよく使われる。
※④ **누구예요**「だれですか？」、より丁寧な表現は**누구세요**？、かかって来た電話の相手に対し
누구세요？「どなたですか？」という表現がよく使われる。

(144)

💿 文法をおさえよう

※かしこまった입니다(〜です)のよりくだけた表現は예요/이에요
※예요 / 이에요はかしこまった語尾입니다(〜です)のヨ体

★ 単語の最後の文字にパッチムなし(前の語にパッチムなし)

| 名詞/代名詞 +**예요** | ① ② ③ ④ ⑥ |

★ 単語の最後の文字にパッチムあり(前の語にパッチムあり)

| 名詞/代名詞 + **이에요** | ⑤ ⑦ ⑧ |

---

① 이건 뭐**예요**?
イゴン ムォエヨ?

名詞/代名詞 **뭐**+ 語尾 **예요**?

② 그건 컴퓨터**예요**.
クゴン コムピュトエヨ

名詞/代名詞 **컴퓨터**+ 語尾 **예요**

③ 저건 김치 냉장고**예요**.
チョゴン キムチ ネンジャンゴエヨ

名詞/代名詞 **김치냉장고**+ 語尾 **예요**

④ 이 분은 누구**예요**?
イ ブヌン ヌグエヨ?

名詞/代名詞 **누구**+ 語尾 **예요**?

⑤ 저 분은 선생님**이에요**.
チョ ブヌン ソンセンニミエヨ

名詞/代名詞 **선생님**+ 語尾 **이에요**

⑥ 여기는 어디**예요**?
ヨギヌン オディエヨ?

名詞/代名詞 **어디**+ 語尾 **예요**?

⑦ 거기는 화장실**이에요**?
コギヌン ファジャンシリエヨ?

名詞/代名詞 **화장실**+ 語尾 **이에요**?

⑧ 저기가 노래방**이에요**.
チョギガ ノレバンイエヨ

名詞/代名詞 **노래방**+ 語尾 **이에요**

※⑤ ~ 이에요のより丁寧な表現は ~ 이세요。님「様」を取って선생「先生」だけを言うと呼び捨てに聞こえるので注意!

54

~ ㄹ / 을 수 있어요,
~ ㄹ / 을 수 있어요? 2
レベルアップ!

～することができます、～することができますか？

🔊 054

1　韓国語が**できます**。

2　一人で行**けます**。

3　家で見**ることができます**。

4　どこで買**えますか?**

5　この料理を食べ**ることができますか?**

6　このレストランを借り**ることができますか?**

7　日本に送**ることができますか?**

8　日本語を理解**できますか?**

＼補足メモ／

※8 **이해할 수**をそのまま読むと [イヘハル　ス] だが、ㅎを続けて読む場合ㅎ
の音が弱音化されるケースがよくある。弱音化された [イエアル　ス] の発音
もしっかり練習しましょう！

⏺ 文法をおさえよう

✱ 다の前の文字(語幹の最後)に「パッチム」なし

| 用言の語幹 + ㄹ 수 있어요 | ① ② ③ ④ ⑥ ⑦ ⑧ |

✱ 다の前の文字(語幹の最後)に「パッチム」あり

| 用言の語幹 + 을 수 있어요 | ⑤ |

例外> | ㄹパッチム | 語幹からパッチムㄹを脱落させ+ ㄹ 수 있어요(?)

---

① 한국말을 **할 수 있어요**.
ハングンマルル ハル ス イッソヨ
[基本形] 하다⇒ 語幹 하+ 語尾 ㄹ 수 있어요

② 혼자서 **갈 수 있어요**.
ホンジャソ カル ス イッソヨ
[基本形] 가다⇒ 語幹 가+ 語尾 ㄹ 수 있어요

③ 집에서 **볼 수 있어요**.
チベソ ポル ス イッソヨ
[基本形] 보다⇒ 語幹 보+ 語尾 ㄹ 수 있어요

④ 어디에서 **살 수 있어요?**
オディエソ サル ス イッソヨ?
[基本形] 사다⇒ 語幹 사+ 語尾 ㄹ 수 있어요?

⑤ 이 요리를 **먹을 수 있어요?**
イ ヨリルル モグル ス イッソヨ?
[基本形] 먹다⇒ 語幹 먹+ 語尾 을 수 있어요?

⑥ 이 레스토랑을 **빌릴 수 있어요?**
イ レストランウル ピルリル ス イッソヨ?
[基本形] 빌리다⇒ 語幹 빌리+ 語尾 ㄹ 수 있어요?

⑦ 일본으로 **보낼 수 있어요?**
イルボヌロ ポネル ス イッソヨ?
[基本形] 보내다⇒ 語幹 보내+ 語尾 ㄹ 수 있어요?

⑧ 일본말을 이해**할 수 있어요?**
イルボンマルル イヘハル ス イッソヨ?
[基本形] 이해하다 ⇒ 語幹 이해하+ 語尾 ㄹ 수 있어요?

55

～ㄹ／을까요？ 2 レベルアップ！

～しましょうか？

🔊 055

1. 来週に電話**しましょうか？**

2. オンドル部屋を予約**しましょうか？**

3. いつ行**きましょうか？**

4. 今、食べ**ましょうか？**

5. 明日会い**ましょうか？**

6. 雨が降**りますかね？**

7. 地下鉄に乗り**ましょうか？**

8. マッコリを飲**みましょうか？**

補足メモ

※② 韓国式床暖房온돌「オンドル」＋방「部屋」→온돌방 [온돌빵]

※⑥「雨が降る」비가 내리다、「雨が降りますかね？」비가 내릴까요？も使えるが、「雨が来る」
비가 오다という表現も一般的によく使われる。

❷ 文法をおさえよう

✲ 다の前の文字（語幹の最後）に「パッチム」なし

| 用言の語幹 + ㄹ까요? | ① ② ③ ⑤ ⑥ ⑦ ⑧ |

✲ 다の前の文字（語幹の最後）に「パッチム」あり

| 用言の語幹 + 을까요? | ④ |

例外> | ㄹパッチム | 語幹からパッチムㄹを脱落させ + ㄹ까요?

---

① 다음 주에 전화**할까요?**
タウム チュエ チョヌァハルカヨ?

基本形 전화하다⇒ 語幹 **전화하**+ 語尾 **ㄹ까요?**

② 온돌방을 예약**할까요?**
オンドルパンウル イェヤ(ク)カルカヨ?

基本形 예약하다⇒ 語幹 **예약하**+ 語尾 **ㄹ까요?**

③ 언제 **갈까요?**
オンジェ カルカヨ?

基本形 가다⇒ 語幹 **가**+ 語尾 **ㄹ까요?**

④ 지금 먹**을까요?**
チグム モグルカヨ?

基本形 먹다⇒ 語幹 **먹**+ 語尾 **을까요?**

⑤ 내일 만**날까요?**
ネイル マンナルカヨ?

基本形 만나다⇒ 語幹 **만나**+ 語尾 **ㄹ까요?**

⑥ 비가 **올까요?**
ピガ オルカヨ?

基本形 오다⇒ 語幹 **오**+ 語尾 **ㄹ까요?**

⑦ 지하철을 **탈까요?**
チハチョルル タルカヨ?

基本形 타다⇒ 語幹 **타**+ 語尾 **ㄹ까요?**

⑧ 막걸리를 마**실까요?**
マッコルリルル マシルカヨ?

基本形 마시다⇒ 語幹 **마시**+ 語尾 **ㄹ까요?**

※⑥「〜しましょうか」という意味以外に「〜ですかね（ますかね）」という意味でもよく使われる。
※⑦乗り物に乗るときの助詞は「〜に」ではなく、를 / 을「〜を」を使うので、注意！

56

~ ㄹ / 을 거예요 (意志・推量) 2-1

レベルアップ！

~するつもりです（~と思います、~でしょう）

🔊 056

① えび料理を食べる**つもりです。**

② マンションを買う**つもりです。**

③ 私の家まで歩いて行く**つもりです。**

④ 友達の家まで走って行く**つもりです。**

⑤ だれよりも彼女を愛する**つもりです。**

⑥ 私の息子を褒める**つもりです。**

⑦ 将来のために一生懸命に勉強する**つもりです。**

⑧ たぶんそこにいる**でしょう。**（ある**でしょう。**）

補足メモ

※② 日本で言う「マンション」は韓国では「**아파트**」と言う。
※③「私の家」は**우리 집**「私たちの家」と表現するのが一般的。
※⑤ **~ 보다**「~より」、**~ 보다도**「~よりも」

🔵 文法をおさえよう

✳ 다の前の文字(語幹の最後)に「パッチム」なし

用言の語幹 + ㄹ 거예요	② ③ ④ ⑤ ⑥ ⑦

✳ 다の前の文字(語幹の最後)に「パッチム」あり

用言の語幹 + 을 거예요	① ⑧

①～⑦は「意志」、⑧は「推量」を表す。

例外> | ㄹパッチム | 語幹からパッチムㄹを脱落させ + ㄹ 거예요

---

① 새우 요리를 먹을 **거예요**.
セウ　ヨリルル　モグル　コエヨ

基本形 먹다⇒ 語幹 먹+ 語尾 을 거예요

② 아파트를 **살 거예요**.
アパトゥルル　サル　コエヨ

基本形 사다⇒ 語幹 사+ 語尾 ㄹ 거예요

③ 우리 집까지 걸어**갈 거예요**.
ウリ　チプカジ　コロガル　コエヨ

基本形 걸어가다⇒ 語幹 걸어가+ 語尾 ㄹ 거예요

④ 친구 집까지 뛰어**갈 거예요**.
チング　チプカジ　ティオガル　コエヨ

基本形 뛰어가다⇒ 語幹 뛰어가+ 語尾 ㄹ 거예요

⑤ 누구보다도 그녀를 사랑**할 거예요**.
ヌグボダド　クニョルル　サランハル　コエヨ

基本形 사랑하다⇒ 語幹 사랑하+ 語尾 ㄹ 거예요

⑥ 우리 아들을 칭찬**할 거예요**.
ウリ　アドゥルル　チンチャナル　コエヨ

基本形 칭찬하다⇒ 語幹 칭찬하+ 語尾 ㄹ 거예요

⑦ 장래를 위해 열심히 공부**할 거예요**.
チャンネルル　ウィヘ　ヨルシミ　コンプハル　コエヨ

基本形 공부하다⇒ 語幹 공부하+ 語尾 ㄹ 거예요

⑧ 아마 거기에 있을 **거예요**.
アマ　コギエ　イッスル　コエヨ

基本形 있다⇒ 語幹 있+ 語尾 을 거예요

※⑥ 🈟 **칭찬하다**「褒める」「称賛する」
※⑦「～のために」は **~ 를 / 을 위해** 直訳「～をために」になるので注意！

57

～ㄹ/을 거예요 (意志・推量) レベルアップ！ 2-2
～でしょう

🔊 057

① そのズボンは小さい**でしょう**。

② 人が多い**でしょう**。

③ 事実ではない**でしょう**。

④ 間違いなく面白い**でしょう**。

⑤ 来週からは忙しい**でしょう**。

⑥ 今はお客さんがあまりいない**でしょう**。

⑦ その映画は悲しい**でしょう**。

⑧ 韓国のタクシーは速い**でしょう**。

＼補足メモ／

※③ 信じたくないことを聞いたときに、「そんなはずがない」という意味でよく
使います。 題 아니다「違う」

※④ 틀림없이「間違いなく」、題 틀리다「違う」「間違う」

(152)

* 다の前の文字(語幹の最後)に「パッチム」なし

用言の語幹 + ㄹ 거예요	③ ⑤ ⑦ ⑧

* 다の前の文字(語幹の最後)に「パッチム」あり

用言の語幹 + 을 거예요	① ② ④ ⑥

①～⑧は全て「推量」を表す。

例外> | ㄹパッチム | 語幹からパッチムㄹを脱落させ+ㄹ 거예요

---

① 그 바지는 작을 거예요.
ク パジヌン チャグル コエヨ

基本形⇒ 작다⇒ 語幹 작+ 語尾 을 거예요

② 사람이 많을 거예요.
サラミ マヌル コエヨ

基本形 많다⇒ 語幹 많+ 語尾 을 거예요

③ 사실이 아닐 거예요.
サシリ アニル コエヨ

基本形 아니다⇒ 語幹 아니+ 語尾 ㄹ 거예요

④ 틀림없이 재미있을 거예요.
トゥルリモプシ チェミイッスル コエヨ

基本形 재미있다⇒ 語幹 재미있+ 語尾 을 거예요

⑤ 다음 주부터는 바쁠 거예요.
タウム チュブトヌン パップル コエヨ

基本形 바쁘다⇒ 語幹 바쁘+ 語尾 ㄹ 거예요

⑥ 지금은 손님이 별로 없을 거예요.
チグムン ソンニミ ピョルロ オプスル コエヨ

基本形 없다⇒ 語幹 없+ 語尾 을 거예요

⑦ 그 영화는 슬플 거예요.
ク ヨンファヌン スルプル コエヨ

基本形 슬프다⇒ 語幹 슬프+ 語尾 ㄹ 거예요

⑧ 한국 택시는 빠를 거예요.
ハングク テクシヌン ッパルル コエヨ

基本形 빠르다⇒ 語幹 빠르+ 語尾 ㄹ 거예요

※⑤「～から」 ～부터、「～からは」 ～부터는

58

～ㄹ／을게요 (意志) 2 `レベルアップ!`

～するつもりです（～します）

🔊 058

① いただき**ます。**

② 先に戻り**ます。**

③ ゆっくり見**ます。**

④ 私も一緒に行き**ます。**

⑤ また電話し**ます。**

⑥ 改札口の前で待ち**ます。**

⑦ 後で手紙を書き**ます。**

⑧ 今からスタートし**ます。**

＼補足メモ／

※ㄹ게요 は [ㄹ께요] と発音する。

※① 食べ物を人からもらった時によく用いられる。直訳は「よく食べます」。
食事の時の表現잘 먹겠습니다「いただきます」はより丁寧な表現で잘 먹을게요と同様によく使われる。

(154) ※② 基 들어가다「入って行く」。集まりなどで他の人より早く戻る時によく使われる。「先に（家に）入っ

文法をおさえよう

✱ 다の前の文字(語幹の最後)に「パッチム」なし

| 用言の語幹 + **ㄹ게요** | ② ③ ④ ⑤ ⑥ ⑦ ⑧ |

✱ 다の前の文字(語幹の最後)に「パッチム」あり

| 用言の語幹 + **을게요** | ① |

例外> | **ㄹパッチム** | 語幹からパッチムㄹを脱落させ+**ㄹ게요**

---

① **잘 먹을게요.**
チャル　モグルケヨ

基本形 먹다⇒ 語幹 **먹**+ 語尾 **을게요**

② **먼저 들어갈게요.**
モンジョ　トゥロガルケヨ

基本形 들어가다⇒ 語幹 **들어가**+ 語尾 **ㄹ게요**

③ **천천히 볼게요.**
チョンチョニ　ポルケヨ

基本形 보다⇒ 語幹 **보**+ 語尾 **ㄹ게요**

④ **저도 같이 갈게요.**
チョド　カチ　カルケヨ

基本形 가다⇒ 語幹 **가**+ 語尾 **ㄹ게요**

⑤ **다시 전화할게요.**
タシ　チョヌァハルケヨ

基本形 전화하다⇒ 語幹 **전화하**+ 語尾 **ㄹ게요**

⑥ **개찰구 앞에서 기다릴게요.**
ケチャルグ　アペソ　キダリルケヨ

基本形 기다리다⇒ 語幹 **기다리**+ 語尾 **ㄹ게요**

⑦ **나중에 편지 쓸게요.**
ナジュンエ　ピョンジ　ッスルケヨ

基本形 쓰다⇒ 語幹 **쓰**+ 語尾 **ㄹ게요**

⑧ **지금부터 시작할게요.**
チグムブト　シジャ(ク)カルケヨ

基本形 시작하다⇒ 語幹 **시작하**+ 語尾 **ㄹ게요**

て行く」、つまり、「家に戻る」という意味になる。
※⑦ **나중에**は一般的に「後で」と訳されるが、「後で」というより「(覚えていたら)いつか」に近い表現。

59

~ ㄹ / 을 것 같아요 ²

レベルアップ！

~みたいです（~そうです、~ようです）

🔊 059

1　すごく忙し**そうです**。

2　とても美味し**そうです**。

3　これが良**さそうです**。

4　漢方薬はまず**そうです**。

5　雨が降り**そうです**。

6　このドラマは面白**そうです**。

7　その人のせいで変にな**りそうです**。

8　ガンバ大阪が勝**ちそうです**。

\ 補足メモ /

※2 「とても」と訳される表現として **굉장히**「ものすごく」、**대단히**「非常に」、**아주**「たいへん」
　という表現がよく用いられる。

※4 日常会話では **한방약**「直訳：韓方薬」を縮約した **한약**「直訳：韓薬」がよく用いられる。

※5 「雨が降りそうです」は **비가 내릴 것 같아요.** とも表現するので、チェック。

🔵 文法をおさえよう

✱ 다の前の文字（語幹の最後）に「パッチム」なし

| 用言の語幹 ＋ ㄹ 것 같아요 | ① ⑤ ⑦ ⑧ |

✱ 다の前の文字（語幹の最後）に「パッチム」あり

| 用言の語幹 ＋ 을 것 같아요 | ② ③ ④ ⑥ |

例外＞ ㄹパッチム 語幹からパッチムㄹを脱落させ＋ ㄹ 것 같아요

---

① 많이 바쁠 것 같아요 .
　　マニ　バップル　コッ　カタヨ
　　基本形 바쁘다⇒ 語幹 바쁘+ 語尾 ㄹ 것 같아요

② 굉장히 맛있을 것 같아요 .
　　クェンジャンヒ　マシッスル　コッ　カタヨ
　　基本形 맛있다⇒ 語幹 맛있+ 語尾 을 것 같아요

③ 이게 좋을 것 같아요 .
　　イゲ　チョウル　コッ　カタヨ
　　基本形 좋다⇒ 語幹 좋+ 語尾 을 것 같아요

④ 한약은 맛없을 것 같아요 .
　　ハニャグン　マドブスル　コッ　カタヨ
　　基本形 맛없다⇒ 語幹 맛없+ 語尾 을 것 같아요

⑤ 비가 올 것 같아요 .
　　ピガ　オル　コッ　カタヨ
　　基本形 오다⇒ 語幹 오+ 語尾 ㄹ 것 같아요

⑥ 이 드라마는 재미있을 것 같아요 .
　　イ　トゥラマヌン　チェミイッスル　コッ　カタヨ
　　基本形 재미있다⇒ 語幹 재미있+ 語尾 을 것 같아요

⑦ 그 사람 때문에 미칠 것 같아요 .
　　ク　サラム　ッテムネ　ミチル　コッ　カタヨ
　　基本形 미치다⇒ 語幹 미치+ 語尾 ㄹ 것 같아요

⑧ 감바오사카가 이길 것 같아요 .
　　カンバオオサカガ　イギル　コ　カタヨ
　　基本形 이기다⇒ 語幹 이기+ 語尾 ㄹ 것 같아요

※⑦ ~때문에 は「～のせいで」だけではなく、「～のために」という意味でも使われる。

🈴 미치다「変になる」は「すごく困る」ということを強調して言うニュアンスで、かなり過激ではあるが、ドラマや日常会話でよく聞かれる。あることや人に「夢中になっている」など良い意味でも、悪い意味でも使われる。

60

●基本語尾：～ㄹ / 을 생각이다　ヨ体②

～ㄹ / 을 생각이에요,
～ㄹ / 을 생각이에요? 2 レベルアップ！

～する考えです（～するつもりです）、
～する考えですか？（～するつもりですか？）

◀)) 060

1　帽子を買う**つもりですか？**

2　ジムに行く**つもりです。**

3　午前にはデパートに行く**つもりです。**

4　宮廷料理を食べる**つもりですか？**

5　明日からダイエット**するつもりです。**

6　新幹線に乗る**つもりですか？**

7　家族写真を撮る**つもりです。**

8　神戸でデート**するつもりです。**

\補足メモ/

※2 헬스클럽は英語「health club」を韓国語でそのまま表現した単語で「スポーツジム」を意味する。　※2 3 ~ 에「～へ」「～に」
※3 오전「午前」오후「午後」저녁「夕方」밤「夜」

😊 文法をおさえよう

✱ 다の前の文字（語幹の最後）に「パッチム」なし

| 用言の語幹 + ㄹ 생각이에요 | ① ② ③ ⑤ ⑥ ⑧ |

✱ 다の前の文字（語幹の最後）に「パッチム」あり

| 用言の語幹 + 을 생각이에요 | ④ ⑦ |

例外＞ | ㄹパッチム | 語幹からパッチムㄹを脱落させ+ ㄹ 생각이에요(?)

---

① 모자를 **살 생각이에요**?
モジャルル サル センガギエヨ？

基本形 사다⇒ 語幹 **사**+ 語尾 ㄹ 생각이에요?

② 헬스클럽에 **갈 생각이에요**.
ヘルスクルロベ カル センガギエヨ

基本形 가다⇒ 語幹 **가**+ 語尾 ㄹ 생각이에요

③ 오전에는 백화점에 **갈 생각이에요**.
オジョネヌン ペ(ク)クァジョメ カル センガギエヨ

基本形 가다⇒ 語幹 **가**+ 語尾 ㄹ 생각이에요

④ 궁중요리를 **먹을 생각이에요**?
クンジュンニョリルル モグル センガギエヨ？

基本形 먹다⇒ 語幹 **먹**+ 語尾 을 생각이에요?

⑤ 내일부터 다이어트**할 생각이에요**.
ネイルブト タイオトゥハル センガギエヨ

基本形 다이어트하다⇒ 語幹 **다이어트하**+ 語尾 ㄹ 생각이에요

⑥ 신칸센을 **탈 생각이에요**?
シンカンセヌル タル センガギエヨ？

基本形 타다⇒ 語幹 **타**+ 語尾 ㄹ 생각이에요?

⑦ 가족 사진을 **찍을 생각이에요**.
カジョク サジヌル チグル センガギエヨ

基本形 찍다⇒ 語幹 **찍**+ 語尾 을 생각이에요

⑧ 고베에서 데이트**할 생각이에요**.
コベエソ デイトゥハル センガギエヨ

基本形 데이트하다⇒ 語幹 **데이트하**+ 語尾 ㄹ 생각이에요

※⑥ 韓国には日本の新幹線にあたるKTXがある。乗り物に乗るときは를 / 을 타다「～を乗る」と表現するので、注意！　※⑦ (사진을) 찍다「(写真を) 撮る」

61

●基本語尾：～지 않다　ヨ体②

～지 않아요, ～지 않아요? ２

レベルアップ！

～しないです（～しません）、
～しないのですか？（～しませんか？）

🔊 061

[1] 昼寝を**しません**。

[2] 私の家はきれい**ではありません**。

[3] 実家に行**かないです**。

[4] 弟と連絡し**てないですか？**

[5] 庭は広**くありません**。

[6] 猫を飼っ**ていません**。

[7] 夜には遊びに行**かないです**。

[8] 隣の家は静か**ではありません**。

＼補足メモ／

※[1] **낮잠**「昼寝」、**낮잠을 자다**「昼寝をする」

※[2] 麹 **깨끗하다**「きれい」≒麹 **청결하다**「清潔だ」 **청결하다**は**깨끗하다**の類似表現。

※[3] **친정**「直訳：親庭」、**친정집**「直訳：親庭家」→実家。結婚した女性の親・兄弟などが住んでいる家（結婚した女性の実家）

160

② 文法をおさえよう

用言の語幹 + 지 않아요 / 지 않아요?

✳ 다の前の文字(語幹の最後)に「パッチム」有無は関係なし

① 낮잠을 자**지 않아요** .
ナッチャムル チャジ アナヨ

> [基本形] 자다⇒ 語幹 **자**+ 語尾 **지 않아요**

② 우리 집은 깨끗하**지 않아요** .
ウリ ジブン ッケックタジ アナヨ

> [基本形] 깨끗하다⇒ 語幹 **깨끗하**+ 語尾 **지 않아요**

③ 친정집에 가**지 않아요** .
チンジョンチベ カジ アナヨ

> [基本形] 가다⇒ 語幹 **가**+ 語尾 **지 않아요**

④ 남동생하고 연락하**지 않아요** ?
ナムドンセンハゴ ヨルラ(ク)カジ アナヨ?

> [基本形] 연락하다⇒ 語幹 **연락하**+ 語尾 **지 않아요** ?

⑤ 마당은 넓**지 않아요** .
マダンウン ノルチ アナヨ

> [基本形] 넓다⇒ 語幹 **넓**+ 語尾 **지 않아요**

⑥ 고양이를 키우**지 않아요** .
コヤンイルル キウジ アナヨ

> [基本形] 키우다⇒ 語幹 **키우**+ 語尾 **지 않아요**

⑦ 밤에는 놀러가**지 않아요** .
パメヌン ノルロガジ アナヨ

> [基本形] 놀러가다⇒ 語幹 **놀러가**+ 語尾 **지 않아요**

⑧ 옆 집은 조용하**지 않아요** .
ヨプ チブン チョヨンハジ アナヨ

> [基本形] 조용하다⇒ 語幹 **조용하**+ 語尾 **지 않아요**

※⑥ 基 키우다 「育てる」「育む」「飼う」「成長させる」「養う」

人を呼ぶ時にはフルネームで呼ぶの？

　皆さんがよく耳にする韓国人の名字と言えば、キムさんかパクさんを思い浮かぶ方が多いと思いますが、実際は김（金）이（李）박（朴）최（崔）정（鄭）が韓国全体の人口の半分くらいで、名字の数は約300個くらいしかないと言われています。

　名字が少ないのでキムさん！、キムちゃんと呼びかけるとたくさんの人が自分のことだと錯覚するかもしれません。トラブルになることも十分ありえます。

　情熱白先生が中学校2年生の時に同じクラスには이은희という友たちがいました。3人もです。(^^ それで、毎日出席チェックをする時に先生も学生も大変なので、結局3人の이은희は이은희 A、이은희 B、이은희 C と呼ばれていました。

　フルネームにしても重なる場合があるので、名字だけだと社会が回らないかもしれません。(^^ ですから、情熱白先生が学生のときはフルネームで呼ばれることはまれな話ではなかったのです。また、情熱白先生は名字も「パク」ではなく「ペク」で、名前も「ウンヒ」ではなく「ヒウン」だったので助かりました。

　個人的な考えとして、日本では30万個くらいの名字が存在していると聞いたので、フルネームで呼ばなくても何とかなると思いました。

　韓国で人を呼ぶ時の注意点としてキムさんを直訳して김씨と呼ぶと失礼に聞こえますので、使わない方がいいでしょう。韓国人が日本語を勉強する時の教材には김씨「キムさん」、이씨「イさん」などを入れた例文が入っていたりしますが、お勧めできません。

Part **5**

ニダ体でバリエーションを増やし
会話が出来るようになろう

62

●하다（する、やる）の丁寧でかしこまった表現②

~ 합니다 / 합니까? 2
レベルアップ！

~します、しますか？

🔊 062

1　いつ勉強**しますか？**

2　明日、勉強**します。**

3　どこで働**きますか？**（働いていますか？）

4　家で働**きます。**（働いています。）

5　カラオケで歌**いますか？**

6　リビングルームで歌**います。**

7　携帯電話は便利**ですか？**

8　とても便利**です。**

――補足メモ――

※3 4 5 6　~ **에서**「~で」「~から」
※5　**노래**「歌」+ **방**「部屋」→**노래방**「カラオケ」

※基本形**하다**(する、やる)の丁寧でかしこまった表現は**합니다**
※「하다：する、やる」は日本語の「〜です、ですか」にあたる表現としても使う。

参考文法 （37課を参照）

※「〜は」：単語の最後の文字にパッチムなし+는　　例　友達は　친구는
　　　　　　単語の最後の文字にパッチムあり+은　　例　本は　책은

---

① 언제 공부**합니까**?
オンジェ　コンブハムニッカ?

基本形 공부하다⇒ 語幹 **공부하**+ 語尾 **ㅂ니까?**

② 내일 공부**합니다**.
ネイル　コンブハムニダ

基本形 공부하다⇒ 語幹 **공부하**+ 語尾 **ㅂ니다**

③ 어디에서 일**합니까**?
オディエソ　イラムニッカ?

基本形 일하다⇒ 語幹 **일하**+ 語尾 **ㅂ니까?**

④ 집에서 일**합니다**.
チベソ　イラムニダ

基本形 일하다⇒ 語幹 **일하**+ 語尾 **ㅂ니다**

⑤ 노래방에서 노래**합니까**?
ノレバンエソ　ノレハムニッカ?

基本形 노래하다⇒ 語幹 **노래하**+ 語尾 **ㅂ니까?**

⑥ 거실에서 노래**합니다**.
コシレソ　ノレハムニダ

基本形 노래하다⇒ 語幹 **노래하**+ 語尾 **ㅂ니다**

⑦ 핸드폰은 편리**합니까**?
ヘンドゥポヌン　ピョルリハムニッカ?

基本形 편리하다⇒ 語幹 **편리하**+ 語尾 **ㅂ니까?**

⑧ 아주 편리**합니다**.
アジュ　ピョルリハムニダ

基本形 편리하다⇒ 語幹 **편리하**+ 語尾 **ㅂ니다**

※⑧ **아주**「とても」p.156 の補足メモ②も参考に。**편리** 実際の発音は **[펄리]** ⇔ **불편**「不便」

63

～ㅂ/습니다，
～ㅂ/습니까？ 2 レベルアップ！

～です/します、～ですか？/しますか？

🔊 063

---

① キムチチゲを食べ**ます**。

---

② この服は小さ**いです**。

---

③ ミョンドンは遠**いです**。

---

④ 日本語メニューがあ**りません**。

---

⑤ サイズが大き**いです**。

---

⑥ コーラを飲**みます**。

---

⑦ 友達に会**います**。

---

⑧ 韓国語を学**びます**。

\ 補足メモ /

※③「遠い：멀다」のニダ体「遠いです」は ㄹ変則なので、語幹の ㄹ を脱落さ
せてからニダ体にする。つまり멀습니다ではなく멉니다になる。

※⑤ 사이즈　［ッサイズ］と発音する場合が多い。

🟢 文法をおさえよう

✳ **다の前の文字(語幹の最後)に「パッチム」なし**

| 用言の語幹+ **ㅂ니다/ㅂ니까?** | 5 6 7 8 |

✳ **다の前の文字(語幹の最後)に「パッチム」あり**

| 用言の語幹+ **습니다/습니까?** | 1 2 4 |

例外> |ㄹパッチム| 語幹からパッチムㄹを脱落させ+ㅂ니다/ㅂ니까? 3

---

1 김치찌개를 먹**습니다**.
　キムチチゲルル　モクスムニダ

　　　　　　　　基本形 먹다⇒ 語幹 **먹**+ 語尾 **습니다**

2 이 옷은 작**습니다**.
　イ　オスン　チャクスムニダ

　　　　　　　　基本形 작다⇒ 語幹 **작**+ 語尾 **습니다**

3 명동은 **멉니다**.
　ミョンドンウン　モムニダ　　　　　　　※멀다は変則活用します。パッチムのㄹが脱落して、ㅂ니다がつきます。

　　　　　　　　基本形 멀다⇒ 語幹 **멀**+ 語尾 **ㅂ니다**
　　　　　　　　　　　　　　　　　脱落

4 일본어 메뉴가 없**습니다**.
　イルボノ　メニュガ　オプスムニダ

　　　　　　　　基本形 없다⇒ 語幹 **없**+ 語尾 **습니다**

5 사이즈가 **큽니다**.
　サイジュガ　クムニダ

　　　　　　　　基本形 크다⇒ 語幹 **크**+ 語尾 **ㅂ니다**

6 콜라를 마**십니다**.
　コルラルル　マシムニダ

　　　　　　　　基本形 마시다⇒ 語幹 **마시**+ 語尾 **ㅂ니다**

7 친구를 만**납니다**.
　チングルル　マンナムニダ

　　　　　　　　基本形 만나다⇒ 語幹 **만나**+ 語尾 **ㅂ니다**

8 한국어를 배**웁니다**.
　ハングゴルル　ペウムニダ

　　　　　　　　基本形 배우다⇒ 語幹 **배우**+ 語尾 **ㅂ니다**

※7 韓国語では「～に会う」ではなく、～를/을 만나다「～を会う」と表現するので注意！

64

●勧誘　~ ㅂ / 읍시다 ②

~ ㅂ / 읍시다 2 レベルアップ！
~しましょう

🔊 064

1　一緒に食べ**ましょう**。

2　この本で勉強**しましょう**。

3　韓国伝統茶を飲み**ましょう**。

4　火を消し**ましょう**。

5　再来週は休み**ましょう**。

6　バスの停留所で会い**ましょう**。

7　飛行機で移動**しましょう**。

8　地下鉄で行き**ましょう**。

\補足メモ/

※4 電気がなかった時代には電気のかわりに「火」を使って明かりをつけたので、今でも**불**「火」＋**끄다**「消す」は、「火を消す」以外に「電気を消す」も意味する。

※5 **다음주**「来週」、**다다음주**「再来週」

※6 **정류장**「直訳：停留場」[**정뉴장**]

168

🄖 文法をおさえよう

✱ 다の前の文字(語幹の最後)に「パッチム」なし

| 用言の語幹 + ㅂ시다. | ② ③ ④ ⑤ ⑥ ⑦ ⑧ |

✱ 다の前の文字(語幹の最後)に「パッチム」あり

| 用言の語幹 + 읍시다. | ① |

例外 > | ㄹパッチム | 語幹からパッチムㄹを脱落させ + ㅂ시다

---

① 같이 먹**읍시다**.
カチ モグプシダ

　　　　　[基本形] 먹다⇒ 語幹 먹+ 語尾 **읍시다**

② 이 책으로 공부**합시다**.
イ チェグロ コンブハプシダ

　　　　　[基本形] 공부하다⇒ 語幹 **공부하**+ 語尾 **ㅂ시다**

③ 한국 전통차를 마**십시다**.
ハングク チョントンチャルル マシプシダ

　　　　　[基本形] 마시다⇒ 語幹 **마시**+ 語尾 **ㅂ시다**

④ 불을 **끕시다**.
プルル ックプシダ

　　　　　[基本形] 끄다⇒ 語幹 **끄**+ 語尾 **ㅂ시다**

⑤ 다다음 주는 **쉽시다**.
タダウム チュヌン シュィプシダ

　　　　　[基本形] 쉬다⇒ 語幹 **쉬**+ 語尾 **ㅂ시다**

⑥ 버스 정류장에서 만**납시다**.
ポス チョンニュジャンエソ マンナプシダ

　　　　　[基本形] 만나다⇒ 語幹 **만나**+ 語尾 **ㅂ시다**

⑦ 비행기로 이동**합시다**.
ピヘンギロ イドンハプシダ

　　　　　[基本形] 이동하다 ⇒ 語幹 **이동하**+ 語尾 **ㅂ시다**

⑧ 지하철로 **갑시다**.
チハチョルロ カプシダ

　　　　　[基本形] 가다⇒ 語幹 **가**+ 語尾 **ㅂ시다**

※⑦⑧ ~ (으) 로「~で」→手段・方法を表す表現
　　パッチムあり+으로 (例外：ㄹパッチム + 로)
　　パッチムなし+로

65

~ 아 / 어야 됩니다 ,
~ 아 / 어야 됩니까 ?

~しなければなりません、～しなければなりませんか?

🔊 065

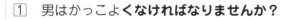

1 男はかっこよく**なければなりませんか?**

2 芸人より面白く**なければなりません。**

3 試験を諦め**なければなりませんか?**

4 韓国語の勉強を続け**なければなりません。**

5 早く帰国し**なければなりませんか?**

6 席に座ら**なければなりません。**

7 先に謝ら**なければなりませんか?**

8 絶対結婚し**なければなりませんか?**

＼補足メモ／

※2 개그「ギャグ (gag)」+ 맨「メン (man)」=개그맨「ギャグメン」は芸人を意味する。코메디언「コメディアン」とも言う。「コメディアン」は外来語表記法では코미디언 (comedian) が正しいが、一般的には코메디언もよく使われる。女性の場合は개그우먼 (gagwoman)。

※6 자리「席」以外にも「地位」「場」という意味としてもよく使われる。

※7 먼저「先に」「まず」

(170)

🄬 文法をおさえよう

✴ 다の前の文字（語幹の最後）に「ㅗ」か「ㅏ」あり

| 用言の語幹＋**아야 됩니다/됩니까?** | 6 |

✴ 다の前の文字（語幹の最後）に「ㅗ」か「ㅏ」なし

| 用言の語幹＋**어야 됩니다/됩니까?** | 1 2 |

例外＞하다（する・やる）→ 해야 됩니다 / 해야 됩니까? 3 4 5
7 8

---

1 남자는 멋있**어야 됩니까?**
ナムジャヌン モシッソヤ ドェムニッカ？
基本形 멋있다⇒ 語幹 **멋있**+ 語尾 **어야 됩니까?**

2 개그맨보다 재미있**어야 됩니다.**
ケグメンボダ チェミイッソヤ ドェムニダ
基本形 재미있다⇒ 語幹 **재미있**+ 語尾 **어야 됩니다**

3 시험을 포기**해야 됩니까?**
シホムル ポギヘヤ ドェムニッカ？
基本形 포기하다⇒ 語幹 **포기하**+ 語尾 **여야 됩니까?**

4 한국어 공부를 계속**해야 됩니다.**
ハングゴ コンブルル ケソケヤ ドェムニダ
基本形 계속하다⇒ 語幹 **계속하**+ 語尾 **여야 됩니다**

5 빨리 귀국**해야 됩니까?**
ッパルリ クィグ(ク)ケヤ ドェムニッカ？
基本形 귀국하다⇒ 語幹 **귀국하**+ 語尾 **여야 됩니까?**

6 자리에 앉**아야 됩니다.**
チャリエ アンジャヤ ドェムニダ
基本形 앉다⇒ 語幹 **앉**+ 語尾 **아야 됩니다**

7 먼저 사과**해야 됩니까?**
モンジョ サグァヘヤ ドェムニッカ？
基本形 사과하다⇒ 語幹 **사과하**+ 語尾 **여야 됩니까?**

8 꼭 결혼**해야 됩니까?**
ッコク キョロネヤ ドェムニッカ？
基本形 결혼하다⇒ 語幹 **결혼하**+ 語尾 **여야 됩니까?**

※8 꼭「絶対」「必ず」という意味。さらに8では「どうしても」というニュアンスもある。
※1～8 야と됩니다の間を少しあけて言う場合の됩니다は「トェムニダ」と発音、間をあけずにつなげる感じで言う場合は「～ドェムニダ」に聞こえる。音声のフレーズをよく聞きとって参考にしてください！

66

●基本語尾：~ 아 / 어 주다

~ 아 / 어 주십시오 (丁寧な命令形)

~してください

🔊 066

① 永遠に愛し**てください**。

② 日本語でおっしゃっ**てください**。

③ 少しだけまけ**てください**。

④ ここに座っ**てください**。

⑤ プレゼントを受け取って（もらって）**ください**。

⑥ 私を信じ**てください**。

⑦ 本を読**んでください**。

⑧ 韓国料理を作っ**てください**。

＼補足メモ／

※② 말「言葉」の尊敬語は 말씀
※⑧ 한국요리 [한궁뇨리]
※①～⑧ ~ 주십시오は　前の表現と少し間をあけて言う場合は「チュシプシ

172

✱ 다の前の文字（語幹の最後）に「ㅗ」か「ㅏ」あり

用言の語幹 + **아 주십시오.** ③ ④ ⑤

✱ 다の前の文字（語幹の最後）に「ㅗ」か「ㅏ」なし

用言の語幹 + **어 주십시오.** ⑥ ⑦ ⑧

例外＞**하다**（する・やる）→ **해 주십시오.** ① ②

---

① 영원히 사랑**해 주십시오**.
ヨンウォニ　サランヘ　ジュシプシオ
基本形 사랑하다⇒ 語幹 **사랑하**+ 語尾 **여 주십시오**

② 일본어로 말씀**해 주십시오**.
イルボノロ　マルスメ　ジュシプシオ
基本形 말씀하다⇒ 語幹 **말씀하**+ 語尾 **여 주십시오**

③ 조금만 깎**아 주십시오**.
チョグムマン　ッカッカ　ジュシプシオ
基本形 깎다⇒ 語幹 **깎**+ 語尾 **아 주십시오**

④ 여기에 앉**아 주십시오**.
ヨギエ　アンジャ　ジュシプシオ
基本形 앉다⇒ 語幹 **앉**+ 語尾 **아 주십시오**

⑤ 선물을 받**아 주십시오**.
ソンムルル　パダ　ジュシプシオ
基本形 받다⇒ 語幹 **받**+ 語尾 **아 주십시오**

⑥ 저를 믿**어 주십시오**.
チョルル　ミド　ジュシプシオ
基本形 믿다⇒ 語幹 **믿**+ 語尾 **어 주십시오**

⑦ 책을 읽**어 주십시오**.
チェグル　イルゴ　ジュシプシオ
基本形 읽다⇒ 語幹 **읽**+ 語尾 **어 주십시오**

⑧ 한국 요리를 만들**어 주십시오**.
ハングン　ニョリルル　マンドゥロ　ジュシプシオ
基本形 만들다⇒ 語幹 **만들**+ 語尾 **어 주십시오**

オ」、間をあけずにつなげる感じで言う場合は「～ジュシプシオ」に近い発音になる。
音声のフレーズをよく聞きとって参考にしてください！

~고 싶습니다,
~고 싶습니까? 2
レベルアップ！

~したいです、~したいですか？

🔊 067

1　放送局で働きたいです。

2　今すぐ会いたいです。

3　イチゴ牛乳を飲みたいです。

4　真実を知りたいですか？

5　ヤンニョムチキンを食べたいです。

6　一日でも早く結婚したいです。

7　会員になりたいですか？

8　コーヒーショップで会いたいです。

＼補足メモ／

※5　**양념**「直訳：薬味」、**양념치킨**は揚げた鶏肉にコチュジャン、砂糖などを
　　入れて和えたフライドチキンのような料理。

※6　**하루라도 빨리**「一日でも早く」は**하루**「一日」＋**빨리**「早く」で表現

● 文法をおさえよう

用言の語幹 + 고 싶습니다 / 고 싶습니까?

✳ 다の前の文字(語幹の最後)に「パッチム」有無は関係なし

① 방송국에서 일하고 **싶습니다**.
パンソングゲソ　イラゴ　シプスムニダ
[基本形] 일하다⇒ [語幹] **일하**+ [語尾] **고 싶습니다**

② 지금 당장 만나고 **싶습니다**.
チグム　タンジャン　マンナゴ　シプスムニダ
[基本形] 만나다⇒ [語幹] **만나**+ [語尾] **고 싶습니다**

③ 딸기 우유를 마시고 **싶습니다**.
ッタルギ　ウユルル　マシゴ　シプスムニダ
[基本形] 마시다⇒ [語幹] **마시**+ [語尾] **고 싶습니다**

④ 진실을 알고 **싶습니까**?
チンシルル　アルゴ　シプスムニッカ?
[基本形] 알다⇒ [語幹] **알**+ [語尾] **고 싶습니까**?

⑤ 양념치킨을 먹고 **싶습니다**.
ヤンニョムチキヌル　モッコ　シプスムニダ
[基本形] 먹다⇒ [語幹] **먹**+ [語尾] **고 싶습니다**

⑥ 하루빨리 결혼하고 **싶습니다**.
ハル　パルリ　キョロナゴ　シプスムニダ
[基本形] 결혼하다⇒ [語幹] **결혼하**+ [語尾] **고 싶습니다**

⑦ 회원이 되고 **싶습니까**?
フェウォニ　トゥェゴ　シプスムニッカ?
[基本形] 되다⇒ [語幹] **되**+ [語尾] **고 싶습니까**?

⑧ 커피숍에서 만나고 **싶습니다**.
コピショベソ　マンナゴ　シプスムニダ
[基本形] 만나다⇒ [語幹] **만나**+ [語尾] **고 싶습니다**

される場合も多い。
※⑦「会員になる」は**회원이 되다**「会員がなる」と表現するので注意!

68

～아 / 어 보고 싶습니다,
～아 / 어 보고 싶습니까？ 2

レベルアップ！

～してみたいです、～してみたいですか？

🔊 068

1 一度挑戦**して**みたいです。

2 済州島に行っ**て**みたいです。

3 直接会っ**て**みたいです。

4 韓国人と付き合っ**て**みたいです。

5 特産品を食べ**てみたいです**。

6 最後まで読**んでみたいです**。

7 一度 参加**して**みたいです。

8 韓服を着**てみたいです**。

＼補足メモ／

※③ 만 (나 + 아) 보고 싶습니다→ 만나 보고 싶습니다
※④ 「～と」→パッチムあり + **과**　パッチムなし+**와**
　　「～と」→パッチムあり + **이랑**　パッチムなし+**랑**
　　「～と」→パッチム有無関係なし + **하고**

176

🄖 文法をおさえよう

✳ 다の前の文字(語幹の最後)に「ㅗ」か「ㅏ」あり

用言の語幹 + **아 보고 싶습니다/싶습니까?** ② ③

✳ 다の前の文字(語幹の最後)に「ㅗ」か「ㅏ」なし

用言の語幹 + **어 보고 싶습니다/싶습니까?** ④ ⑤ ⑥ ⑧

例外＞**하다**(する・やる) → **해 보고 싶습니다. / 해 보고 싶습니까?** ① ⑦

---

① 한 번 도전**해 보고 싶습니다**.
ハン ボン トジョネ ボゴ シプスムニダ

基本形 도전하다⇒ 語幹 **도전하**+ 語尾 **여 보고 싶습니다**

② 제주도에 가 **보고 싶습니다**.
チェジュドエ カ ボゴ シプスムニダ

基本形 가다⇒ 語幹 **가**+ 語尾 **아 보고 싶습니다**

③ 직접 만나 **보고 싶습니다**.
チクチョプ マンナ ボゴ シプスムニダ

基本形 만나다⇒ 語幹 **만나**+ 語尾 **아 보고 싶습니다**

④ 한국사람과 사귀어 **보고 싶습니다**.
ハングクサラムグァ サグィオ ボゴ シプスムニダ

基本形 사귀다⇒ 語幹 **사귀**+ 語尾 **어 보고 싶습니다**

⑤ 특산품을 먹**어 보고 싶습니다**.
トゥクサンプムル モゴ ボゴ シプスムニダ

基本形 먹다⇒ 語幹 **먹**+ 語尾 **어 보고 싶습니다**

⑥ 마지막까지 읽**어 보고 싶습니다**.
マジマクカジ イルゴ ボゴ シプスムニダ

基本形 읽다⇒ 語幹 **읽**+ 語尾 **어 보고 싶습니다**

⑦ 한 번 참가**해 보고 싶습니다**.
ハン ボン チャムガヘ ボゴ シプスムニダ

基本形 참가하다⇒ 語幹 **참가하**+ 語尾 **여 보고 싶습니다**

⑧ 한복을 입**어 보고 싶습니다**.
ハンボグル イボ ボゴ シプスムニダ

基本形 입다⇒ 語幹 **입**+ 語尾 **어 보고 싶습니다**

※④ 「韓国人」の直訳は**한국인**。**한국**「韓国」+**사람**「人」→**한국사람**がよく使われる。
※⑧ **한복**「韓服」→韓国の民族衣装

69

～고 있습니다，
～고 있습니까？ 2
レベルアップ！

～しています、～していますか？

🔊 069

---

① どのように過ごしていますか？

---

② 元気に過ごしています。

---

③ 韓国語を教えていますか？

---

④ 韓国語を学んでいます。

---

⑤ 卓球をやっていますか？

---

⑥ ゴルフをやっています。

---

⑦ そちらに向かっています。

---

⑧ 私が直接運転しています。

＼補足メモ／

※② 잘 지내다「直訳：良く過ごす、暮らす」は「元気に過ごす、暮らす」を意味する。

※⑤ ⑥ 何かの道具を利用してボールに触れるのがメインであるスポーツは韓国語で ~를 / 을 치다「～を打つ」という表現が使われる。

🔵 文法をおさえよう

用言の語幹 + 고 있습니다/고 있습니까?

★ 다の前の文字(語幹の最後)に「パッチム」有無は関係なし

---

① 어떻게 지내고 있습니까?
オットケ チネゴ イッスムニッカ?

基本形 지내다⇒ 語幹 **지내**+ 語尾 **고 있습니까?**

---

② 잘 지내고 있습니다.
チャル チネゴ イッスムニダ

基本形 지내다 ⇒ 語幹 **지내**+ 語尾 **고 있습니다**

---

③ 한국어를 가르치고 있습니까?
ハングゴルル カルチゴ イッスムニッカ?

基本形 가르치다⇒ 語幹 **가르치**+ 語尾 **고 있습니까?**

---

④ 한국어를 배우고 있습니다.
ハングゴルル ペウゴ イッスムニダ

基本形 배우다⇒ 語幹 **배우**+ 語尾 **고 있습니다**

---

⑤ 탁구를 치고 있습니까?
タックルル チゴ イッスムニッカ?

基本形 치다⇒ 語幹 **치**+ 語尾 **고 있습니까?**

---

⑥ 골프를 치고 있습니다.
ゴルプルル チゴ イッスムニダ

基本形 치다⇒ 語幹 **치**+ 語尾 **고 있습니다**

---

⑦ 그 쪽으로 가고 있습니다.
ク ッチョグロ カゴ イッスムニダ

基本形 가다⇒ 語幹 **가**+ 語尾 **고 있습니다**

---

⑧ 제가 직접 운전하고 있습니다.
チェガ チクチョプ ウンジョナゴ イッスムニダ

基本形 운전하다⇒ 語幹 **운전하**+ 語尾 **고 있습니다**

例>**탁구를 치다**「卓球を打つ」、**골프를 치다**「ゴルフを打つ」、**테니스를 치다**「テニスを打つ」など
※⑦「直訳:そちらに行っています」は「そちらに向かっています」という意味になる。

70

●基本語尾：〜ㄹ/을 수 있다　ニダ体②

〜ㄹ/을 수 있습니다，
〜ㄹ/을 수 있습니까？ 2
レベルアップ！

〜することができます、〜することができますか？

🔊 070

① 何をすることが**できますか？**

② 何でも**できます。**

③ いつも一緒にい**ることができますか？**

④ いつでも一緒にい**ることができます。**

⑤ 私の話を理解**できますか？**

⑥ 少しは理解**できます。**

⑦ 荷物を持ってもら**うことはできますか**（持ってくれることができますか）？

⑧ 駅までは持ってあげ**ることができます。**

\補足メモ/

※② 뭐든지「何でも」、④ 언제든지「いつでも」

※⑤ 저「わたくし」저의「わたくしの」제「わたくしの」나「私」나의「私の」내「私の」

※⑧ 基 들다「（荷物など）持つ」基 들어 주다「持ってあげる」「持ってくれる」両方の意味で
使われる。

🅖 文法をおさえよう

✳ 다の前の文字(語幹の最後)に「パッチム」なし

| 用言の語幹 + ㄹ 수 있습니다/있습니까? | ① ② ⑤ ⑥ ⑦ ⑧ |

✳ 다の前の文字(語幹の最後)に「パッチム」あり

| 用言の語幹 + 을 수 있습니다/있습니까? | ③ ④ |

例外> ㄹパッチム 語幹からパッチムㄹを脱落させ+ㄹ 수 있습니다. /
ㄹ 수 있습니까?

---

① 뭘 할 수 있습니까?

ムォル　ハル　ス　イッスムニッカ?

基本形 하다⇒ 語幹 하+ 語尾 ㄹ 수 있습니까?

② 뭐든지 할 수 있습니다.

ムォドゥンジ　ハル　ス　イッスムニダ

基本形 하다⇒ 語幹 하+ 語尾 ㄹ 수 있습니다

③ 항상 같이 있을 수 있습니까?

ハンサン　カチ　イッスル　ス　イッスムニッカ?

基本形 있다⇒ 語幹 있+ 語尾 을 수 있습니까?

④ 언제든지 같이 있을 수 있습니다.

オンジェドゥンジ　カチ　イッスル　ス　イッスムニダ

基本形 있다⇒ 語幹 있+ 語尾 을 수 있습니다

⑤ 제 말을 이해할 수 있습니까?

チェ　マルル　イヘハル　ス　イッスムニッカ?

基本形 이해하다 ⇒ 語幹 이해하+ 語尾 ㄹ 수 있습니까?

⑥ 조금은 이해할 수 있습니다.

チョグムン　イヘハル　ス　イッスムニダ

基本形 이해하다 ⇒ 語幹 이해하+ 語尾 ㄹ 수 있습니다

⑦ 짐을 들어 줄 수 있습니까?

チムル　トゥロ　ジュル　ス　イッスムニッカ?

基本形 들어 주다⇒ 語幹 들어 주+ 語尾 ㄹ 수 있습니까?

⑧ 역까지는 들어 줄 수 있습니다.

ヨッカジヌン　トゥロ　ジュル　ス　イッスムニダ

基本形 들어 주다⇒ 語幹 들어 주+ 語尾 ㄹ 수 있습니다

※⑤⑥ **이해할 수**をそのまま読むと[イヘハル　ス]だが、ㅎを続けて読む場合ㅎの音が弱音化されるケースがよくある。弱音化された[イエアル　ス]の発音もしっかり練習しましょう!

71

～ 겠습니다 （意志、近い未来） レベルアップ！ 2

～するつもりです（～します）

🔊 071

① いただき**ます**。

② 先に戻り**ます**。

③ 早く探し**てみます**。

④ 私も一緒について行き**ます**。

⑤ また連絡し**ます**。

⑥ 会社の前で待ち**ます**。

⑦ 頑張り**ます**。

⑧ プレゼンテーションを始め**ます**。

――\ 補足メモ /――――――――――――――――――――――――――――――

※① 直訳したら「よく食べます」になりますが、これは「いただきます」という慣用句としてそのまま暗記するのをお勧めします。

※③ 🔵 찾다「探す」＋ 🔵 보다「見る」 → 🔵 찾아 보다「探してみる」

🟢 文法をおさえよう

※ ㄹ/을게요より、かしこまった語尾。(15課、31課と比較)

用言の語幹 + **겠습니다.**

✱「パッチム」有無関係なし

---

① 잘 먹**겠습니다**.
チャル モッケッスムニダ

基本形 먹다⇒ 語幹 **먹**+ 語尾 **겠습니다**

② 먼저 들어가**겠습니다**.
モンジョ トゥロカゲッスムニダ

基本形 들어가다⇒ 語幹 **들어가**+ 語尾 **겠습니다**

③ 빨리 찾아 보**겠습니다**.
ッパルリ チャジャ ボゲッスムニダ

基本形 보다⇒ 語幹 **보**+ 語尾 **겠습니다**

④ 저도 같이 따라가**겠습니다**.
チョド カチ ッタラカゲッスムニダ

基本形 따라가다⇒ 語幹 **따라가**+ 語尾 **겠습니다**

⑤ 다시 연락하**겠습니다**.
タシ ヨルラ(ク)カゲッスムニダ

基本形 연락하다⇒ 語幹 **연락하**+ 語尾 **겠습니다**

⑥ 회사 앞에서 기다리**겠습니다**.
フェサ アペソ キダリゲッスムニダ

基本形 기다리다⇒ 語幹 **기다리**+ 語尾 **겠습니다**

⑦ 힘내**겠습니다**.
ヒムネゲッスムニダ

基本形 내다⇒ 語幹 **내**+ 語尾 **겠습니다**

⑧ 프레젠테이션을 시작하**겠습니다**.
プレジェンテェイショヌル シジャ(ク)カゲッスムニダ

基本形 시작하다⇒ 語幹 **시작하**+ 語尾 **겠습니다**

※④ 基 따라가다「ついて行く」
※⑦ 힘내다→힘「力」+ 내다「出す」→힘내다「力（を）出す」は「頑張る」という意味でよく使われる。
※⑧ 基 시작하다「始める、スタートする」 比較 基 시작되다「始まる」

72

●基本語尾：～ㄹ/을 것 같다　ニダ体②

～ㄹ/을 것 같습니다
～ㄹ/을 것 같습니까？ 2

レベルアップ！

～みたいです（～そうです、～ようです）、
～みたいですか？（～そうですか？、～ようですか？）

🔊 072

---

① 今年は忙し**そうです**。

---

② 焼酎は美味し**そうですか？**

---

③ この食堂はまず**そうです**。

---

④ あなたが好きにな**りそうです**。

---

⑤ このドラマは悲し**そうですか？**

---

⑥ 韓国(の)カラオケは面白**そうです**。

---

⑦ 結婚に反対**しそうですか？**

---

⑧ 結婚に賛成**しそうです**。

＼補足メモ／

※① **올해**「今年」 新年の挨拶でもよく使われるフレーズ→**올해도 잘 부탁드립
니다**は「今年も宜しくお願い致します」。

🟢 文法をおさえよう

✻ 다의 前の文字(語幹の最後)に「パッチム」なし

| 用言の語幹 + ㄹ 것 같습니다/같습니까? | 1 4 5 7 8 |

✻ 다の前の文字(語幹の最後)に「パッチム」あり

| 用言の語幹 + 을 것 같습니다/같습니까? | 2 3 6 |

例外> ㄹパッチム 語幹からパッチムㄹを脱落させ+ㄹ 것 같습니다. / ㄹ 것 같습니까?

---

1 올해는 바쁠 것 같습니다.
オレヌン パップル コッ カッスムニダ

基本形 바쁘다⇒ 語幹 **바쁘**+ 語尾 **ㄹ 것 같습니다**

2 소주는 맛있을 것 같습니까?
ソジュヌン マシッスル コッ カッスムニッカ?

基本形 맛있다⇒ 語幹 **맛있**+ 語尾 **을 것 같습니까?**

3 이 식당은 맛없을 것 같습니다.
イ シクタンウン マドプスル コッ カッスムニダ

基本形 맛없다⇒ 語幹 **맛없**+ 語尾 **을 것 같습니다**

4 당신이 좋아질 것 같습니다.
タンシニ チョアジル コッ カッスムニダ

基本形 좋아지다⇒ 語幹 **좋아지**+ 語尾 **ㄹ 것 같습니다**

5 이 드라마는 슬플 것 같습니까?
イ トゥラマヌン スルプル コッ カッスムニッカ?

基本形 슬프다⇒ 語幹 **슬프**+ 語尾 **ㄹ 것 같습니까?**

6 한국 노래방은 재미있을 것 같습니다.
ハングン ノレバンウン チェミイッスル コッ カッスムニダ

基本形 재미있다⇒ 語幹 **재미있**+ 語尾 **을 것 같습니다**

7 결혼에 반대할 것 같습니까?
キョロネ パンデハル コッ カッスムニッカ?

基本形 반대하다 ⇒ 語幹 **반대하**+ 語尾 **ㄹ 것 같습니까?**

8 결혼에 찬성할 것 같습니다.
キョロネ チャンソンハル コッ カッスムニダ

基本形 찬성하다⇒ 語幹 **찬성하**+ 語尾 **ㄹ 것 같습니다**

※4 基 좋아지다 「好きになる」

73

～ ㄹ / 을 생각입니다　2 レベルアップ！
～する考えです（～するつもりです）

🔊 073

1　マスクを買**うつもりです**。

2　沖縄に行**くつもりです**。

3　E メールを書**くつもりです**。

4　記念写真を撮**るつもりです**。

5　入試説明会に参加**するつもりです**。

6　お酒を飲**むつもりです**。

7　韓国式でお酒を飲**むつもりです**。

8　ペク先生（の）教室で勉強**するつもりです**。

―― 補足メモ ――

※4 🏠 (사진을) 찍다「（写真を）撮る」
※7 (으) 로（手段、方法として）～で（p.169 参照）

🟢 文法をおさえよう

✱ 다の前の文字（語幹の最後）に「パッチム」なし

用言の語幹 + ㄹ 생각입니다	① ② ③ ⑤ ⑥ ⑦ ⑧

✱ 다の前の文字（語幹の最後）に「パッチム」あり

用言の語幹 + 을 생각입니다	④

例外> ㄹパッチム 語幹からパッチムㄹを脱落させ+ㄹ 생각입니다

---

① 마스크를 **살 생각입니다**.
マスクルル サル センガギムニダ
基本形 사다⇒ 語幹 **사**+ 語尾 ㄹ 생각입니다

② 오키나와에 **갈 생각입니다**.
オキナワエ カル センガギムニダ
基本形 가다⇒ 語幹 **가**+ 語尾 ㄹ 생각입니다

③ 이메일을 **쓸 생각입니다**.
イメイルル ッスル センガギムニダ
基本形 쓰다⇒ 語幹 **쓰**+ 語尾 ㄹ 생각입니다

④ 기념사진을 **찍을 생각입니다**.
キニョムサジヌル ッチグル センガギムニダ
基本形 찍다⇒ 語幹 **찍**+ 語尾 을 생각입니다

⑤ 입시 설명회에 참가**할 생각입니다**.
イプシ ソルミョンフェエ チャムガハル センガギムニダ
基本形 참가하다⇒ 語幹 **참가하**+ 語尾 ㄹ 생각입니다

⑥ 술을 마**실 생각입니다**.
スルル マシル センガギムニダ
基本形 마시다⇒ 語幹 **마시**+ 語尾 ㄹ 생각입니다

⑦ 한국식으로 술을 마**실 생각입니다**.
ハングクシグロ スルル マシル センガギムニダ
基本形 마시다⇒ 語幹 **마시**+ 語尾 ㄹ 생각입니다

⑧ 백선생님 교실에서 공부**할 생각입니다**.
ペクソンセンニム キョシレソ コンブハル センガギムニダ
基本形 공부하다⇒ 語幹 **공부하**+ 語尾 ㄹ 생각입니다

74

●基本語尾：～아/어도 되다　ニダ体②

～아/어도 됩니다,
～아/어도 됩니까? _{レベルアップ!} 2

〜してもいいです、〜してもいいですか？

🔊 074

① 少し食べ**てもいいですか？**

② たくさん食べ**てもいいです。**

③ ずっと連絡し**てもいいですか？**

④ 毎日連絡し**てもいいです。**

⑤ その会社を信じ**てもいいですか？**

⑥ この席に座っ**てもいいですか？**

⑦ はい、そこに座っ**てもいいです。**

⑧ 窓を開け**てもいいですか？**

＼補足メモ／

※⑤ 믿다「信じる」、신뢰하다「信頼する」
※⑥ 자리「席」、좌석「座席」
※⑧ 열다「開ける」⇔ 닫다「閉める」

✱ 다の前の文字(語幹の最後)に「ㅗ」か「ㅏ」あり

| 用言の語幹 + **아도 됩니다/됩니까?** | ⑥ ⑦ |

✱ 다の前の文字(語幹の最後)に「ㅗ」か「ㅏ」なし

| 用言の語幹 + **어도 됩니다/됩니까?** | ① ② ⑤ ⑧ |

例外＞**하다**(する・やる) → **해도 됩니다. / 해도 됩니까?** ③ ④

---

① 조금 먹**어도 됩니까 ?**
チョグム モゴド トェムニッカ?

基本形 먹다⇒ 語幹 **먹**+ 語尾 **어도 됩니까 ?**

② 많이 먹**어도 됩니다 .**
マニ モゴド トェムニダ

基本形 먹다⇒ 語幹 **먹**+ 語尾 **어도 됩니다**

③ 계속 연락**해도 됩니까 ?**
ケソク ヨルラ(ク)ケド トェムニッカ?

基本形 연락하다 ⇒ 語幹 **연락하** + 語尾 **여도 됩니까 ?**

④ 매일 연락**해도 됩니다 .**
メイル ヨルラ(ク)ケド トェムニダ

基本形 연락하다⇒ 語幹 **연락하**+ 語尾 **여도 됩니다**

⑤ 그 회사를 믿**어도 됩니까 ?**
ク フェサルル ミドド トェムニッカ?

基本形 믿다⇒ 語幹 **믿**+ 語尾 **어도 됩니까 ?**

⑥ 이 자리에 앉**아도 됩니까 ?**
イ ジャリエ アンジャド トェムニッカ?

基本形 앉다⇒ 語幹 **앉**+ 語尾 **아도 됩니까 ?**

⑦ 네 , 거기에 앉**아도 됩니다 .**
ネー、コギエ アンジャド トェムニダ

基本形 앉다⇒ 語幹 **앉**+ 語尾 **아도 됩니다**

⑧ 창문을 열**어도 됩니까 ?**
チャンムヌル ヨロド トェムニッカ?

基本形 열다⇒ 語幹 **열**+ 語尾 **어도 됩니까 ?**

※①～⑧ 도と됩니다の間を少しあけて言う場合の됩니다は「トェムニダ」と発音、間をあけずにつなげる感じで言う場合は「～ドェムニダ」と読む。紛らわしい場合は「トェムニダ」をお勧めする。～도 됩니까 ?の場合も同じ感覚。

75

● 基本語尾：~지 않다　ニダ体②

~지 않습니다, ~지 않습니까? 2

レベルアップ！

~しないです（~しません）、
~しないのですか？（~しませんか？）

🔊 075

① 朝寝坊を**していません**。

② 故郷に行**かないです**。

③ 妹と連絡し**てないですか？**

④ 悪夢を見**ないですか？**

⑤ 夢を見**ないです**。

⑥ 絵を描**かないですか？**

⑦ ピアノを弾**かないです**。

⑧ 歌を歌**わないです**。

＼補足メモ／

※① 늦잠「朝寝坊」 늦잠을 자다「朝寝坊をする」
※④ 악몽을 꾸다「悪夢を見る」
※⑤ 꿈을 꾸다「夢を見る」

❷ 文法をおさえよう

用言の語幹 + 지 않습니다 / 지 않습니까?

✳ 다の前の文字(語幹の最後)に「パッチム」有無は関係なし

1. 늦잠을 자**지 않습니다**.
   ヌッチャムル チャジ アンスムニダ
   [基本形] 자다⇒ [語幹] **자**+ [語尾] **지 않습니다**

2. 고향에 가**지 않습니다**.
   コヒャンエ カジ アンスムニダ
   [基本形] 가다⇒ [語幹] **가**+ [語尾] **지 않습니다**

3. 여동생하고 연락하**지 않습니까?**
   ヨドンセンハゴ ヨルラ(ク)カジ アンスムニッカ?
   [基本形] 연락하다⇒ [語幹] **연락하**+ [語尾] **지 않습니까?**

4. 악몽을 꾸**지 않습니까?**
   アンモンウル ックジ アンスムニッカ?
   [基本形] 꾸다⇒ [語幹] **꾸**+ [語尾] **지 않습니까?**

5. 꿈을 꾸**지 않습니다**.
   ックムル ックジ アンスムニダ
   [基本形] 꾸다⇒ [語幹] **꾸**+ [語尾] **지 않습니다**

6. 그림을 그리**지 않습니까?**
   クリムル クリジ アンスムニッカ?
   [基本形] 그리다⇒ [語幹] **그리**+ [語尾] **지 않습니까?**

7. 피아노를 치**지 않습니다**.
   ピアノルル チジ アンスムニダ
   [基本形] 치다⇒ [語幹] **치**+ [語尾] **지 않습니다**

8. 노래를 부르**지 않습니다**.
   ノレルル プルジ アンスムニダ
   [基本形] 부르다⇒ [語幹] **부르**+ [語尾] **지 않습니다**

※⑥ **그림을 그리다**「絵を描く」　※⑦ **피아노를 치다**「ピアノを弾く」
※⑧ 🈯 **부르다**「呼ぶ」、**노래를 부르다**「歌を歌う」

「どうろ（道路）」でも「どろ（泥）」でも意味は同じ?

皆さん！「どうろ」と「どろ」はまったく違う意味に聞こえますか？ 皆さんは「もちろんです」と答えるはずです！「道路」と「泥」は違う単語で発音も違いますからね（笑）

しかし、韓国語を母語とする人 (以下、韓国語母語話者) には同じ単語に聞こえます。「え〜？　そんなのありえる?」と言いたくなりますよね?　しかし、答えはありえるのです（笑）

もちろん、韓国語も日本語同様、長音（長くのばして発音する音）の概念は存在します。ですが、アナウンサーのような専門職ではない限り、日常会話では区別して使いません。使わないと、たとえ自分の母国語・母語だとしても聞き取れないですし、話すことも難しくなるのです。

しかし、逆の発想からすると、韓国語母語話者が日本語を勉強するときは苦労しますが、皆さんが韓国語を勉強する時はとても学習しやすいということを意味します。

発音を伸ばしても伸ばさなくても意味が通じますからね（笑）。実際に使われている表現で考えてみましょう。

日本語で「無料」【ムリョウ】は韓国語でも同じ発音です。しかし、【ムリョウ】と言っても【ムリョ】と言っても【ムーリョ】と言っても全部意味が通じます。

日常会話で長音と短音を区別しないので、間違うことをおそれず韓国語でどんどん話してみてはいかがでしょうか?

フレーズトレーニング

ここでは本文のセンテンス(文)中で使用している重要な表現を50音順に「日本語⇒韓国語」で配列してあります。音声を聴いて覚えましょう。このトレーニングをすることで本文の作文がしやすくなります。

【あ】 🔊 076

【い】 ◀) 077

50音順フレーズトレーニング

【う】 🔊 078

☐ 歌を歌う	⇒ 노래를 부르다	75-8
☐ 占いをしに行く	⇒ 점을 보러 가다	40-8
☐ 運動しに行く	⇒ 운동하러 가다	40-2
☐ 運動場で運動する	⇒ 운동장에서 운동하다	41-6

【え】 🔊 079

☐ 永遠に愛する	⇒ 영원히 사랑하다	45-1 51-4 66-1
☐ 映画を見る	⇒ 영화를 보다	43-7 49-2
☐ えび料理を食べる	⇒ 새우 요리를 먹다	56-1
☐ 絵を描く	⇒ 그림을 그리다	75-6

【お】 🔊 080

☐ お金がない	⇒ 돈이 없다	42-8
☐ 沖縄に行く	⇒ 오키나와에 가다	73-2
☐ お酒を飲む	⇒ 술을 마시다	73-6
☐ 思ったよりずっと楽しい	⇒ 생각보다 훨씬 즐겁다	52-8
☐ 音楽を聴く	⇒ 음악을 듣다	49-8 50-8
☐ オンドル部屋を予約する	⇒ 온돌방을 예약하다	55-2
☐ お母さんを愛している	⇒ 어머니를 사랑하다	41-1

【か】 🔊 081

☐ 会員になる	⇒	회원이 되다	67-7
☐ 会社で働く	⇒	회사에서 일하다	50-2
☐ 会社の前で待つ	⇒	회사 앞에서 기다리다	71-6
☐ 鹿児島に行く	⇒	가고시마에 가다	49-6
☐ 歌詞を知る	⇒	가사를 알다	49-4
☐ 家族写真を撮る	⇒	가족 사진을 찍다	60-7
☐ カバンがある	⇒	가방이 있다	42-3
☐ カラオケで歌う	⇒	노래방에서 노래하다	62-5
☐ 韓国（の）カラオケは面白い	⇒	한국 노래방은 재미있다	72-6
☐ 韓国語ができる	⇒	한국말을 할 수 있다	54-1
☐ 韓国語の勉強を続ける	⇒	한국어 공부를 계속하다	65-4

50音順フレーズトレーニング

199

□ 漢方薬はまずい	⇒ 한약은 맛없다	42-6 59-4

【き】 🔊 082

□ 記念写真を撮る	⇒ 기념사진을 찍다	73-4
□ キムチチゲが好き	⇒ 김치찌개가 좋다	42-1
□ キムチチゲを食べる	⇒ 김치찌개를 먹다	63-1
□ 宮廷料理を食べる	⇒ 궁중요리를 먹다	60-4
□ 教室で勉強する	⇒ 교실에서 공부하다	73-8

【く】 🔊 083

□ 靴が多い	⇒ 구두가 많다	42-2

□ ゴルフをやる	⇒	골프를 치다	69-6
□ これから連絡する	⇒	앞으로 연락하다	46-3

【さ】 🔊 086

□ 最後まで読む	⇒	마지막까지 읽다	68-6
□ サイズが大きい	⇒	사이즈가 크다	63-5
□ 先に謝る	⇒	먼저 사과하다	65-7
□ サッカーを見に行く	⇒	축구를 보러 가다	40-3
□ サムギョプサルが美味しい	⇒	삼겹살이 맛있다	42-5
□ サムゲタンを食べに行く	⇒	삼계탕을 먹으러 가다	40-4
□ 再来週は休む	⇒	다다음 주는 쉬다	64-5

【し】 🔊 087

【す】 🔊 088

【せ】 🔊 089

| □ 席に座る | ⇒ 자리에 앉다 | 65-6 |
| □ 全部食べる | ⇒ 전부 다 먹다 | 46-1
46-2 |

【そ】 ◆) 090

□ そこに座る	⇒ 거기에 앉다	74-7
□ そこは	⇒ 거기는	53-7
□ そちらに向かう	⇒ 그 쪽으로 가다	69-7
□ その映画は悲しい	⇒ 그 영화는 슬프다	57-7
□ その会社を信じる	⇒ 그 회사를 믿다	74-5
□ そのズボンは小さい	⇒ 그 바지는 작다	57-1
□ それは	⇒ 그건	53-2

【た】 🔊 091

【ち】 🔊 092

【て】 🔊 093

☐ 停留所で会う	⇒	정류장에서 만나다	64-6
☐ 手紙を書く	⇒	편지를 쓰다	49-7
☐ デパートに行く	⇒	백화점에 가다	60-3
☐ 電話をかける	⇒	전화를 걸다	47-7
☐ 電話を切る	⇒	전화를 끊다	47-8

【と】 🔊 094

☐ どうやって	⇒	어떻게	41-7
☐ 特産品を食べる	⇒	특산품을 먹다	68-5
☐ とても便利だ	⇒	아주 편리하다	62-8
☐ 隣の家は静かだ	⇒	옆 집은 조용하다	61-8

50音順フレーズトレーニング

(209)

□	日本語を理解する	⇒	일본말을 이해하다	54-8
□	日本に送る	⇒	일본으로 보내다	54-7
□	荷物を持つ	⇒	짐을 들다	70-7
□	庭は広い	⇒	마당은 넓다	61-5

【ね】 ◀》 097

| □ | (値段を)まけてあげる、まけてくれる | ⇒ | (값을) 깎아 주다 | 45-3
66-3 |

【は】 ◀》 098

| □ | 話を理解する | ⇒ | 말을 이해하다 | 70-5 |
| □ | バナナ牛乳を飲む | ⇒ | 바나나 우유를 마시다 | 49-3 |

【ひ】 🔊 099

【ほ】 🔊 102

【ま】 🔊 103

【み】 🔊 104

【む】 🔊 105

【や】 🔊 106

☐ ヤンニョムチキンを食べる	⇒ 양념치킨을 먹다	67-5

【ゆ】 🔊 107

☐ 夕方に来る	⇒ 저녁에 오다	51-7
☐ 雪が降る	⇒ 눈이 내리다	44-5
☐ ゆっくり見る	⇒ 천천히 보다	58-3
☐ 夢を見る	⇒ 꿈을 꾸다	75-5

【よ】 🔊 108

☐ 夜には遊びに行く	⇒ 밤에는 놀러가다	61-7

【ら】 🔊 109

【れ】 🔊 110

【わ】 🔊 111

ハングル順 単語帳

	ㄱ		
□가	～が	□고양이	猫
□가다	行く	□고향	故郷
□가르치다	教える	□골프	ゴルフ
□가족	家族	□공부	勉強
□가짜	偽物	□공부하다	勉強する
□간단하다	簡単だ	□공포	恐怖
□같이	一緒に	□공포영화	ホラー映画
□개그맨	芸人（gag man）	□괜찮다	大丈夫だ、十分だ、なかなかいい
□개찰구	改札口	□굉장히	とても、ものすごく
□거기	そこ	□교실	教室
□거실	リビングルーム	□교환	交換
□거짓	うそ	□구두	靴
□걷다	歩く	□군대	軍隊
□걸다	かける	□궁금하다	気になる、心配だ
□걸어가다	歩いて行く	□궁중	宮中
□겨울	冬	□귀국하다	帰国する
□결혼	結婚	□그	その
□결혼하다	結婚する	□그건	それは
□경치	景色	□그게	それが
□계속	ずっと	□그렇게	そんなに、そのように
□계속하다	継続する、続ける	□그리다	描く
□고르다	選ぶ	□그림	絵

□ 기간	期間		□ 내	私の
□ 기념	記念		□ 내가	私が
□ 기다리다	待つ		□ 내다	出す
□ 기대하다	期待する		□ 내리다	降る、降りる
□ 기차	汽車		□ 내일	明日
□ 김치냉장고	キムチ冷蔵庫		□ 넓다	広い
□ 김치찌개	キムチチゲ		□ 노래	歌
□ 까지	～まで		□ 노래방	カラオケ
□ 깎다	（値段を）まける、削る		□ 노래하다	歌う
□ 깨끗하다	きれいだ、清潔だ		□ 노력하다	努力する
□ 꼭	絶対、必ず		□ 놀다	遊ぶ
□ 꾸다	（夢を）見る		□ 놀러가다	遊びに行く
□ 꿈	夢		□ 높다	（高さ、地位、水準などが）高い
□ 끄다	消す		□ 누가	だれが
□ 끊다	切る、断つ		□ 누구	だれ
	ㄴ		□ 눈	雪
□ 나	私		□ 는	～は
□ 나의	私の		□ 늦잠	朝寝坊
□ 나중에	あとで		□ - 님	～様
□ 남동생	弟			ㄷ
□ 남자	男、男子		□ 다	全部
□ 남편	旦那、夫		□ 다다음주	再来週
□ 낮잠	昼寝			

ハングル順 単語帳

□다시	また	□들어주다	持ってあげる、持ってくれる
□다음	次	□따라가다	ついて行く
□다음주	来週	□딸	娘
□다이어트하다	ダイエットする	□때문에	~のせいで、~のために
□닫다	閉める	□떡볶이	トッポキ（韓国料理名）
□담배	たばこ	□또	また
□당신	あなた	□뛰다	走る
□당장	すぐ	□뛰어가다	走って行く
□대단히	非常に、大変		ㄹ
□대학교	大学	□라면	ラーメン
□데이트하다	デートする	□레스토랑	レストラン
□도	~も	□를	~を
□도전하다	挑戦する		ㅁ
□돈	お金	□마당	庭
□동네	町、村	□마시다	飲む
□되다	なる	□마지막	最後
□드라마	ドラマ	□막걸리	マッコリ
□드레스	ドレス	□만	~だけ、~ばかり
□듣다	聞く	□만나다	会う
□~들	~達	□만들다	作る
□들다	持つ	□많다	多い
□들어가다	入って行く、戻る	□많이	たくさん

□말	言葉	□뭘	何を
□말씀	お言葉	□미치다	変になる、おかしくなる
□말씀하다	おっしゃる	□믿다	信じる
□말하다	言う		ㅂ
□맛	味	□바나나	バナナ
□맛없다	まずい	□바쁘다	忙しい
□맛있다	おいしい	□바지	ズボン
□매일	毎日	□반대	反対
□먹다	食べる	□반대하다	反対する
□먹이다	食べさせる	□받다	受け取る、もらう
□먼저	先に、まず	□밝다	明るい
□멀다	遠い	□밤	夜、晩
□멋있다	かっこいい	□방	部屋
□메뉴	メニュー	□방문하다	訪問する
□몇	いくつの	□방송	放送
□모자	帽子	□배우다	学ぶ
□목욕하다	風呂に入る	□백화점	百貨店
□몸	体	□버라이어티	バラエティ
□무슨	何…、何の、どんな	□버스	バス
□무엇	何	□보내다	送る
□묻다	尋ねる	□보다	見る
□뭐	何、何か	□보다	～より
□뭐든지	何でも	□부르다	呼ぶ

ハングル順 単語帳

□부자	お金持ち	□삼겹살	サムギョプサル
□부장님	部長	□삼계탕	サムゲタン
□부터	～から	□상자	箱
□분	～方（人に対する敬語）	□새우	エビ
□불	火	□생각하다	考える、思う
□비	雨	□서다	立つ
□비싸다	高い	□선물	プレゼント
□비행기	飛行機	□선생님	先生
□빌리다	借りる	□선택하다	選択する
□빠르다	速い、早い	□성적	成績
□빨리	早く	□세계문화유산	世界文化遺産
ㅅ		□세일	セール
□사과하다	謝る	□소주	焼酎
□사귀다	付き合う	□순대	スンデ
□사다	買う	□술	酒
□사람	人	□쉬다	休む
□사랑하다	愛する	□스마트폰	スマートフォン
□사실	事実	□슬프다	悲しい
□사용하다	使用する	□시작되다	始まる
□사이즈	サイズ	□시작하다	始める
□사진	写真	□시험	試験
□산책	散歩	□식당	食堂
□살다	住む、暮らす、生きる	□신발	履物

□신칸센	新幹線		□양념	ヤンニョム （合わせだれ、薬味）
□싫다	嫌だ、嫌いだ		□양념치킨	ヤンニョムチキン （韓国料理名）
□싸다	安い		□어둡다	暗い
□싸우다	戦う、争う		□어디	どこ
□쓰다	書く、使う		□어떻게	どのように、どうやって

○

□아니다	違う		□어머니	お母さん、母
□아들	息子		□어머님	お母様
□아름답다	美しい		□언제	いつ
□아버님	お父様		□얼마	いくら、どのくらい
□아버지	お父さん		□없다	ない
□아이	子供		□에	～に、～へ
□아주	とても		□에서	～で、～から
□아침	朝		□여기	ここ
□아파트	マンション		□여동생	妹
□악몽	悪夢		□여자	女
□악세사리	アクセサリー		□여자분	女性の方
□앉다	座る		□여행	旅行
□알다	知る、分かる		□연락하다	連絡する
□앞	前		□열다	開ける
□앞으로	これから、今後、前へ		□열심히	一生懸命に
□약속하다	約束する		□영어	英語
			□영원히	永遠に

ハングル順 単語帳

□ 영화	映画	□ 음악	音楽
□ 옆	隣、横	□ 응원하다	応援する
□ 예쁘다	かわいい、きれいだ	□ 의외로	意外と
□ 예약하다	予約する	□ 이	この
□ 오다	来る	□ 이건	これは
□ 오전	午前	□ 이게	これが
□ 오후	午後	□ 이기다	勝つ
□ 온돌	オンドル	□ 이동하다	移動する
□ 온돌방	オンドル部屋	□ 이따가	のちほど
□ 올해	今年	□ 이렇게	こんなに
□ 옷	服	□ 이메일	Eメール
□ 왜	なぜ、どうして、何で	□ 이모	おばさん（お母さんの姉もしくは妹）
□ 외국어	外国語		
□ 요리	料理	□ 이용하다	利用する
□ 우리	私達、われわれ	□ 이해하다	理解する
□ 우유	牛乳	□ 일	仕事
□ 운동장	運動場	□ 일본말	日本語
□ 운동하다	運動する	□ 일본어	日本語
□ 운전하다	運転する	□ 일하다	働く
□ (으) 로	～で、～に	□ 읽다	読む
□ 은	～は	□ 잃다	失くす
□ 을	～を	□ 있다	ある、いる
□ 음식	食べ物	□ 잊다	忘れる

	ㅈ		□전화	電話
□자다	寝る		□전화하다	電話する
□자리	席		□점을 보다	占いをする
□작다	小さい		□정류장	停留所
□잘	よく、十分に、上手に		□정말	本当に
□장래	将来		□정신	精神、魂、意識
□재미	面白さ		□정신 (이) 없다	忙しい、（まわりが）うるさい、あわただしい
□재미있다	面白い			
□저	わたくし		□정장	正装、スーツ
□저건	あれは		□제	わたくしの
□저게	あれが、あれは		□제가	わたくしが
□저금	貯金		□조금	少し
□저기	あそこ		□조용하다	静かだ
□저녁	夕方		□좀	ちょっと、少し
□저렇게	あんなに、あのように		□좋다	いい、好き
□저의	わたくしの		□좋아지다	好きになる
□저축	貯蓄		□좋아하다	好きだ、好む
□저축하다	貯蓄する		□좌석	座席
□적다	少ない		□주다	あげる、くれる
□전부	全部		□중국집	中華料理店
□전부다	全部、全て（強調したい時に使う）		□중화요리	中華料理
□전통차	伝統茶		□즐겁다	楽しい
			□지금	今

ハングル順 単語帳

□지내다	過ごす、暮らす	□책	本
□지하철	地下鉄	□천천히	ゆっくり
□직접	直接	□청결하다	清潔だ
□진실	真実	□초대하다	招待する
□진지하게	真剣に	□최선	最善
□진짜	本物、本当の	□축구	サッカー
□진찰	診察	□출근	出勤
□짐	荷物	□출근하다	出勤する
□집	家	□치다	弾く、打つ
□짜다	しょっぱい	□친구	友達
□쪽	方、方面	□친정집	実家
□찌개	チゲ、なべ	□친하다	親しい
□찍다	（写真を）撮る、（液体などを）つける、	□칭찬하다	褒める

ᄎ		ᄏ	
□찬성	賛成	□커피숍	コーヒーショップ
□찬성하다	賛成する	□컴퓨터	コンピュータ
□참	本当、誠、真実	□코메디언	コメディアン
□참가하다	参加する	□콘서트	コンサート
□참견하다	口出しする	□콜라	コーラ
□창문	窓	□크다	大きい
□찾다	探す	□키우다	飼う、育てる、育む

		ᄐ	
□찾아보다	探してみる	□타다	乗る

☐ 탁구	卓球	
☐ 택시	タクシー	
☐ 탤런트	タレント	
☐ 토산물	おみやげ	
☐ 퇴근	退勤	
☐ 퇴사	退社（会社を辞めた時）	
☐ 특산품	特産品	
☐ 특히	特に	
☐ 틀리다	違う、間違う	
☐ 틀림없이	間違いなく	

ㅍ		
☐ 편리	便利	
☐ 편리하다	便利だ	
☐ 편지	手紙	
☐ 포기하다	諦める、放棄する	
☐ 품질	品質	
☐ 피아노	ピアノ	
☐ 피우다	（タバコを）吸う	

ㅎ		
☐ 하나	一つ	
☐ 하다	する、やる	
☐ 하루	一日	
☐ 한국	韓国	

☐ 한국어	韓国語
☐ 한국인	韓国人
☐ 한류스타	韓流スター
☐ 한 번	一度
☐ 한약	漢方薬
☐ 항상	いつも
☐ 핸드폰	携帯電話
☐ 헬스클럽	ジム（スポーツジム）
☐ 혼자	一人
☐ 화장실	トイレ、化粧室
☐ 회사	会社
☐ 회사설명회	会社説明会
☐ 회원	会員
☐ 후렌치후라이	フライドポテト
☐ 후회하다	後悔する
☐ 훨씬	ずっと、はるかに
☐ 휴대	携帯
☐ 휴대폰	携帯電話（hand phone）
☐ 힘	力
☐ 힘내다	頑張る、力を出す

五十音 単語帳

あ

□愛する	사랑하다
□会う	만나다
□明るい	밝다
□諦める、放棄する	포기하다
□アクセサリー	악세사리
□悪夢	악몽
□開ける	열다
□あげる（くれる）	주다
□朝	아침
□朝寝坊	늦잠
□味	맛
□明日	내일
□あそこ	저기
□遊びに行く	놀러가다
□遊ぶ	놀다
□あとで	나중에
□あなた	당신
□雨	비
□謝る	사과하다
□ある、いる	있다
□歩いて行く	걸어가다
□歩く	걷다

□あれが（あれは）	저게
□あれは	저건
□あんなに、あのように	저렇게

い

□いい（好き）	좋다
□E メール	이메일
□言う	말하다
□意外と	의외로
□行く	가다
□いくつの	몇
□いくら、どのくらい	얼마
□忙しい	바쁘다
□忙しい、（まわりが）うるさい、あわただしい	정신 (이) 없다
□一度	한 번
□一日	하루
□いつ	언제
□一生懸命に	열심히
□一緒に	같이
□いつも	항상
□移動する	이동하다
□今	지금
□妹	여동생

□嫌だ、嫌いだ	싫다	□お母さん、母	어머니

		□お母様	어머님
□受け取る、もらう	받다	□お金	돈
□うそ	거짓	□お金持ち	부자
□歌う	노래하다	□送る	보내다
□歌	노래	□お言葉	말씀
□美しい	아름답다	□教える	가르치다
□占いをする	점을 보다	□おっしゃる	말씀하다
□運転する	운전하다	□弟	남동생
□運動場	운동장	□男	남자
□運動する	운동하다	□お父さん	아버지

		□お父様	아버님
□絵	그림	□おばさん （お母さんの姉もしく は妹）	이모
□永遠に	영원히		
□映画	영화		
□英語	영어	□おみやげ	토산물
□エビ	새우	□面白い	재미있다
□選ぶ	고르다	□面白さ	재미

		□音楽	음악
		□オンドル	온돌
□おいしい	맛있다	□オンドル部屋	온돌방
□応援する	응원하다	□女、女子	여자
□多い	많다		

□大きい	크다	□〜が	가 / 이

五十音 単語帳

□会員	회원	□韓国人	한국인
□外国語	외국어	□簡単だ	간단하다
□改札口	개찰구	□頑張る（力を出す）	힘내다
□会社	회사	□漢方薬	한약
□飼う（育てる、育む）	키우다	**き**	
□買う	사다	□期間	기간
□描く	그리다	□聞く	듣다
□書く、使う（苦い）	쓰다	□帰国する	귀국하다
□かける	걸다	□期待する	기대하다
□家族	가족	□気になる、心配だ	궁금하다
□家族	집	□記念	기념
□方（人に対する敬語）	분	□キムチチゲ	김치찌개
□勝つ	이기다	□キムチ冷蔵庫	김치냉장고
□かっこいい	멋있다	□宮中	궁중
□悲しい	슬프다	□牛乳	우유
□〜から	~ 부터	□教室	교실
□カラオケ	노래방	□恐怖	공포
□体	몸	□切る、断つ	끊다
□借りる	빌리다	□きれいだ、清潔だ	깨끗하다
□かわいい、きれいだ	예쁘다	**く**	
□考える、思う	생각하다	□口出しする	참견하다
□韓国	한국	□靴	구두
□韓国語	한국어	□暗い	어둡다

日本語	韓国語		日本語	韓国語
□来る	오다		□この	이
け			□コメディアン	코미디언 (코메디언)
□継続する、続ける	계속하다		□ゴルフ	골프
□携帯	휴대		□これが	이게
□携帯電話	휴대폰 , 핸드폰 (hand phone)		□これから、今後、前へ	앞으로
			□これは	이건
□芸人（gag man）	개그맨		□コンサート	콘서트
□景色	경치		□こんなに、このように	이렇게
□消す	끄다		□コンピュータ	컴퓨터
□結婚	결혼		**さ**	
□結婚する	결혼하다		□最後	마지막
こ			□サイズ	사이즈
□後悔する	후회하다		□最善	최선
□交換	교환		□探してみる	찾아보다
□コーヒーショップ	커피숍		□探す	찾다
□コーラ	콜라		□先に、まず	먼저
□故郷	고향		□酒	술
□ここ	여기		□座席	좌석
□午後	오후		□サッカー	축구
□午前	오전		□〜様	님
□今年	올해 (금년)		□サムギョプサル	삼겹살
□言葉	말		□サムゲタン	삼계탕
□子供	아이		□再来週	다다음주

五十音 単語帳

□参加する	참가하다	□知る、分かる	알다
□賛成	찬성	□新幹線	신칸센
□賛成する	찬성하다	□真剣に	진지하게
□散歩する	산책	□診察	진찰

し	

□試験	시험	□真実	진실
□仕事	일	□信じる	믿다

す	

□事実	사실	□吸う（タバコを）	피우다
□静かだ	조용하다	□スーツ（正装）	정장
□親しい	친하다	□好きだ、好む	좋아하다
□実家	친정집	□好きになる	좋아지다
□ジム（スポーツジム）	헬스클럽	□すぐ	당장
□閉める	닫다	□少ない	적다
□写真	사진	□少し	조금
□出勤	출근	□過ごす（暮らす）	지내다
□出勤する	출근하다	□ずっと、継続	계속
□使用する	사용하다	□ずっと、はるかに	훨씬
□招待する	초대하다	□ズボン	바지
□焼酎	소주	□スマートフォン	스마트폰
□将来	장래	□住む、暮らす、生きる	살다
□食堂	식당	□する、やる	하다
□女性の方	여자분	□座る	앉다
□しょっぱい	짜다	□スンデ	순대

せ	
□ 清潔だ	청결하다
□ 精神、魂、意識	정신
□ 成績	성적
□ セール	세일
□ 世界文化遺産	세계문화유산
□ 席	자리
□ 絶対、必ず、きっと	꼭
□ 先生	선생님
□ 選択する	선택하다
□ 全部	다
□ 全部	전부
□ 全部、全て（強調した い時に使う）	전부다

そ	
□ そこ	거기
□ その	그
□ それが	그게
□ それは	그건
□ そんなに、そのように	그렇게

た	
□ ダイエットする	다이어트하다
□ 大学	대학교

□ 退勤	퇴근
□ 退社（会社を辞めた時）	퇴사
□ 大丈夫だ、十分だ、 なかなかいい	괜찮다
□ 高い（値段が）	비싸다
□ 高い（高さ、地位、水 準などが）	높다
□ たくさん	많이
□ タクシー	택시
□ ～だけ、～ばかり	만
□ 出す	내다
□ 尋ねる	묻다
□ 戦う、争う	싸우다
□ 達	~ 들
□ 立つ	서다
□ 卓球	탁구
□ 楽しい	즐겁다
□ たばこ	담배
□ 食べさせる	먹이다
□ 食べ物	음식
□ 食べる	먹다
□ だれ	누구
□ だれが	누가
□ タレント	탤런트

五十音 単語帳

□旦那、夫	남편

ち	
□小さい	작다
□チーズタッカルビ	치즈 닭갈비
□違う	아니다
□違う、間違う	틀리다
□地下鉄	지하철
□力	힘
□チゲ（なべ）	찌개
□済州島	제주도
□中華料理	중화요리
□中華料理店	중국집
□挑戦する	도전하다
□貯金	저금
□直接	직접
□貯蓄	저축
□貯蓄する	저축하다
□ちょっと、少し	좀 , 조금

つ	
□ついて行く	따라가다
□次	다음
□付き合う	사귀다
□作る	만들다

て	
□〜で、〜から	에서
□〜で、〜から	(으) 로
□停留所	정류장
□デートする	데이트하다
□手紙	편지
□伝統茶	전통차
□電話	전화
□電話する	전화하다

と	
□トイレ（化粧室）	화장실
□遠い	멀다
□特産品	특산품
□特に	특히
□どこ	어디
□トッポキ（韓国料理名）	떡볶이
□とても	아주
□とても、ものすごく	굉장히
□隣、横	옆
□どのように、どうやって	어떻게
□友達	친구
□ドラマ	드라마
□努力する	노력하다

□撮る（写真を）、つける（液体などを）	찍다
□ドレス	드레스

な	
□ない	없다
□失くす	잃다
□なぜ	왜
□何	무엇
□何、何か	뭐
□何…、何の、どんな	무슨
□何を	뭘, 무엇을
□なる	되다
□何でも	뭐든지

に	
□に、～へ	에
□偽物	가짜
□日本語	일본어
□日本語	일본말
□荷物	짐
□庭	마당

ね	
□猫	고양이
□寝る	자다

の	
□のせいで、～のために	때문에
□のちほど	이따가
□飲む	마시다
□乗る	타다

は	
□は	는 / 은
□入って行く、戻る	들어가다
□履物	신발
□箱	상자
□走って行く	뛰어가다
□始まる	시작되다
□始める	시작하다
□走る	뛰다
□バス	버스
□働く	일하다
□バナナ	바나나
□速い、早い	빠르다
□早く	빨리
□バラエティ	버라이어티
□反対	반대
□反対する	반대하다
□韓流スター	한류스타

五十音 単語帳

ひ

□火	불
□ピアノ	피아노
□弾く、打つ	치다
□飛行機	비행기
□非常に、大変	대단히
□人	사람
□一人	혼자
□百貨店	백화점
□昼寝	낮잠
□広い	넓다
□品質	품질

ふ

□服	옷
□部長	부장님
□冬	겨울
□フライドポテト	후렌치후라이
□降る、降りる	내리다
□プレゼント	선물
□風呂に入る	목욕하다

へ

□部屋	방
□勉強	공부
□勉強する	공부하다
□変になる、おかしくなる	미치다
□便利	편리
□便利だ	편리하다

ほ

□方、方面	쪽
□帽子	모자
□放送	방송
□訪問する	방문하다
□褒める	칭찬하다
□ホラー映画	공포영화
□本	책
□本当、誠、真実	참
□本当に	정말
□本物（本当の）	진짜

ま

□毎日	매일
□前	앞
□まける（値段を）、削る	깎다
□まずい	맛없다
□マスク	마스크
□また	다시
□また	또

□町、村	동네	□休む	쉬다
□間違いなく	틀림없이	□ヤンニョム（合わせだれ、薬味）	양념
□待つ	기다리다	□ヤンニョムチキン（韓国料理名）	양념치킨
□マッコリ	막걸리		
□まで	까지	**ゆ**	
□窓	창문	□夕方	저녁
□学ぶ	배우다	□雪	눈
□マンション	아파트	□ゆっくり	천천히
み		□夢	꿈
□見る	보다	**よ**	
□見る（夢を）	꾸다	□よく、十分に、上手に	잘
む		□呼ぶ	부르다
□息子	아들	□読む	읽다
□娘	딸	□予約する	예약하다
め		□より	보다
□メニュー	메뉴	□夜、晩	밤
も		**ら**	
□も	도	□ラーメン	라면
□持つ	들다	□来週	다음주
□持ってあげる	들어주다	**り**	
や		□理解する	이해하다
□約束する	약속하다	□リビングルーム	거실
□安い	싸다	□利用する	이용하다

五十音 単語帳

□料理	요리
□旅行	여행

れ	
□レストラン	레스토랑
□連絡する	연락하다

わ	
□忘れる	잊다
□わたくし	저
□わたくしが	제가
□わたくしの	저의
□わたくしの	제
□私	나
□私が	내가
□私達、われわれ	우리
□私の	나의
□私の	내
□を	를 / 을

【著者プロフィール】

白　姫恩（ペク・ヒウン）백 희은

ソウル生まれ、崇実大学校貿易学科卒業。
大阪大学大学院言語文化研究科修士（言語文化学専門）。
韓国国民銀行（KB銀行）、大学文化新聞社での勤務を経て来日。
日本語能力試験1級取得。TV誌のNHKハングル講座特集
ページの解説、日韓両国での様々な国際イベント企画、TV出
演、ラジオのインタビュー出演・通訳出演などメディアでも活
躍中！日本一の歴史を誇る韓国語弁論大会（2011年～現在）（主
催：韓国大阪青年会議所・ソウル青年会議所）審査委員も務め
ている。
その他、韓国文化講演活動や韓国旅行企画の活動も行っている。
また、優秀学習者の学習ストラテジー・スピーキング能力を中
心に研究を行っている。

【現在】
・NHKカルチャーセンター梅田教室　講師
・大阪商業大学総合交流支援課　韓国語講師
・情熱『白』先生　韓国語教室　代表講師
・韓国語ナレーター

【著書】
『新版 口を鍛える韓国語作文―語尾習得メソッド―中級編』（コスモピア）
『新版 口を鍛える韓国語作文―語尾習得メソッド―上級編』（コスモピア）
『韓国語のきほんドリル』（国際語学社）
『韓国語のきほんドリル　ステップアップ編』（国際語学社）
『韓流スターのファンミーティング・インタビューで学ぶ韓国語』（国際語学社）など

【専門分野】
・教材開発・韓国語教育・韓国文化教育・国際交流
■韓国語講師：情熱「白」先生！！のアツアツ韓国世界
　http://blog.livedoor.jp/baeksensei/
■ Twitter：@baeksensei100
■ Instagram：@baeksensei100
■ Youtube『情熱白先生』で検索

【新版】口を鍛える韓国語作文
―語尾習得メソッド― 初級編

2020 年 5 月 25 日　　　第 1 版第 1 刷発行
2021 年 4 月 5 日　　　　第 1 版第 2 刷発行

著者　白 姫恩

韓国語ナレーション：白 姫恩
協力：新田 義浩

発行人：坂本由子
発行所：コスモピア株式会社
　　　　〒 151-0053　東京都渋谷区代々木 4-36-4　MC ビル 2F
営業部：TEL: 03-5302-8378 email: mas@cosmopier.com
編集部：TEL: 03-5302-8379 email: editorial@cosmopier.com

https://www.cosmopier.com/　［コスモピア・全般］
https://e-st.cosmopier.com/　［コスモピア e ステーション］

印刷・製本：シナノ印刷株式会社
音声収録：株式会社メディアスタイリスト